Bruno Mossa de Rezende

con Gian Paolo Maini e Davide Romani

DAL BUIO ALL'ORO

Con passione e forza
ho schiacciato i miei fantasmi
e vinto tutto

Rizzoli

Pubblicato per

Rizzoli

da Mondadori Libri S.p.A.

ISBN: 978-88-17-16253-1

Prima edizione: aprile 2023

A cura di Michele Turazzi per Pastrengo Agenzia Letteraria

A mio nonno Condorcet, che è sempre nel mio cuore

Prefazione
di Neymar Jr.

Io e Bruno abbiamo storie di vita diverse, sin da bambini. Siamo cresciuti in mondi e realtà opposti, e se mi aveste chiesto, quando ero ragazzo e abitavo a Jardim Glória, a Praia Grande, se sarebbe stato possibile incontrare uno come lui e diventare suo amico da adulto, sicuramente vi avrei risposto di no.

Eravamo molto diversi, ma qualcosa ci ha uniti, sin dalla culla.

Lo sport.

Siamo entrambi figli di ex atleti. Certo, con enormi differenze. I genitori di Bruninho erano famosi in Brasile e in tutto il mondo, mio padre si è impegnato molto e ha avuto una carriera dignitosa ma modesta. Questo non ha impedito ai nostri genitori di inserire lo sport nella nostra vita, con tutti gli stimoli e le incertezze di chi sa quanto sia importante nello sviluppo di un bambino e quanto possa essere pesante essere figlio di un atleta.

Bruno ha iniziato la carriera prima di me. Ricordo di aver sentito parlare di lui alla sua prima convocazione nella squadra brasiliana di pallavolo. E questo ci porta a un'altra caratteristica che ci accomuna e ci accompagna da sempre.

La pressione.

Entrambi, per motivi diversi, siamo stati costretti a essere persino migliori di quanto avremmo potuto, fin dalla tenera età. Giocare nel club, frequentare le nazionali da giovanissimi, vittorie e titoli, niente era abbastanza, ci hanno sempre chiesto di più. Abbiamo da sempre addosso un'enorme pressione e la usiamo allo stesso identico modo.

Come carburante, per migliorare ancora come atleti e, di conseguenza, come persone.

Ci sono tante coincidenze nelle nostre vite e carriere. Una di queste è olimpica.

Bruno ha vinto la sua prima medaglia ai Giochi prima di me, nel 2008, a Pechino. Quell'anno io non avevo ancora debuttato nei professionisti. Nel 2012 abbiamo conquistato entrambi l'argento, a Londra. Siamo tutti e due terribilmente competitivi: non eravamo contenti, ovviamente, volevamo di più.

Ma nel 2016, ognuno con le proprie ragioni individuali (e collettive, visto che le nostre squadre e il nostro Paese avevano davvero bisogno di vincere quell'edizione), abbiamo avuto il nostro riscatto. Abbiamo vinto la medaglia d'oro all'Olimpiade di Rio de Janeiro. A casa nostra.

Una felicità enorme, la più grande di tutte!

Posso anche dire di aver festeggiato più di lui, perché ho potuto assistere dagli spalti, in mezzo alla folla, alla vittoria della nazionale brasiliana di pallavolo. E quel 21 agosto non ero presente al Maracanãzinho solo per tifare Brasile. Nel 2016 ero nella *torcida* verdeoro per *il mio amico* Bruno, il Capitano.

Ho conosciuto Bruno tramite amici comuni molti anni prima delle nostre medaglie d'oro. Ed è stato amore a prima vista. Generoso, sempre allegro, con una straripante voglia di vivere e divertirsi, senza mai dimenticare la nostra responsabilità professionale di giocatori. È proprio lì che nasce una nuova, grande coincidenza.

Essere atleti professionisti della nazionale in sport estremamente popolari nel nostro Paese ci impedisce di vivere e divertirci come fanno tutti?

Crediamo entrambi di no.

Il Capitano, a mano a mano che la nostra amicizia si è rafforzata, è diventato anche una sorta di consigliere. Comprendendo a fondo come solo lui sa fare la mente di un atleta, è stato sempre presente. Bruno è stato ed è la mia valvola di sfogo in tante situazioni e decisioni difficili.

Le esperienze che Bruno ha accumulato nella sua vita, dentro e fuori dal campo, come atleta e come grande Amico – proprio così, con la A maiuscola –, rendono questo libro bello, ricco e intenso, assolutamente da leggere tutto d'un fiato.

C'è tutto Bruno in questo libro, un'altra grande sfida per il mio Amico, una sfida avvincente e, sicuramente, vincente.

Congratulazioni, Capitano! Sei unico!

Nota introduttiva
di Gabriel Medina

Bruninho è mio amico e uno dei miei idoli, senza dubbio uno degli atleti migliori e di maggior successo del nostro Paese. Il nostro capitano, il nostro *levantador*!

Quanta gioia ci ha già regalato sui campi con i suoi innumerevoli successi e un palmarès straordinario, quante giocate epiche abbiamo visto con lui protagonista, quante volte ci ha "obbligato" ad alzarci nel weekend per tifare per la nostra nazionale, per quella maglia verdeoro che in Brasile adoriamo, amiamo, veneriamo. Ha alzato innumerevoli trofei e medaglie (l'indimenticabile e memorabile oro ai Giochi di Rio 2016). Bruno e il nostro amico-fratello Neymar hanno fatto la storia del Brasile vincendo in ventiquattr'ore le rispettive finali dell'Olimpiade disputata in casa.

Bruninho per me è la cosa più importante, è un fratello che non ha mai fatto mancare il suo aiuto, la sua presenza quando ne avevo più bisogno. Grazie, amico e fratello. Sei una persona fantastica e la tua carriera dovrebbe essere d'ispirazione per tutti i brasiliani, come lo è per me.

Spero che con questo tuo racconto di vita tu riesca a fare breccia nel cuore di molte persone che nello sport si immedesimano, e nei loro campioni cercano un riferimento importante. Tu lo sei per noi brasiliani e per tanti innamorati della pallavolo sparsi in Italia e nel mondo.

PRIMA PARTE

Londra, 12 agosto 2012, ore 15,21, Earls Court Exhibition Centre
Russia-Brasile, finale dei Giochi Olimpici

La palla tocca terra, è finita. Rimaniamo fermi, in silenzio, nella nostra metà campo.

Una rete separa l'orgasmo della vittoria e la disperazione della sconfitta. Non riesco ancora a capire cos'è esattamente successo e com'è successo. È come se di colpo avessi aperto gli occhi nel pieno di un incubo, non è così: è tutto maledettamente vero. Mi guardo intorno perso, spaesato, sono un ologramma di me stesso. Osservo il pubblico, ma non sento alcun rumore. Mio padre – l'allenatore della nazionale, il campione idolatrato da tutto il Paese – è seduto in panchina, mani nei capelli. Alcuni miei compagni si abbracciano, c'è chi piange.

Io no, io resto immobile, pietrificato. Qualcuno cerca di consolarmi mentre rientriamo verso lo spogliatoio, non riesco a guardarlo in viso.

Entriamo e il silenzio che ci avvolge è surreale, in lon-

tananza i russi festeggiano. Il tempo di indossare la tuta del Brasile e siamo chiamati ad andare sul podio. Saliamo sul secondo gradino, quello che sta pochi centimetri sotto la gloria, la gioia eterna di chi, nello sport, vince l'alloro olimpico. Sento una lacrima scendere, mi asciugo gli occhi, non è tristezza, è un sentimento indefinito, sono lì senza esserci.

Mi sorteggiano per l'antidoping e impiego oltre quarantacinque minuti per fare pipì, un'eternità, per me e per tutto il gruppo che mi aspetta sul pullman.

Anche nell'ora di viaggio che ci riporta al villaggio olimpico nessuno ha la forza di dire nulla.

Entro in camera, mi siedo sul cuscino, insacco la testa tra le spalle e appoggio la schiena al muro. Con le mani stringo i piedi, forte. Mi lascio andare, inerme, completamente svuotato.

Sprofondo.

Per la prima volta, quattro ore dopo che è caduta l'ultima palla, realizzo ciò che è successo. Ho il coraggio di pensarlo, di viverlo, di starci dentro, sapendo che sarà una gran botta.

Piango, piango come non ho mai pianto, vivo una disperazione mai provata prima, mi sento cadere in un buco, come se la terra mi stesse risucchiando. Ho perso la finale dell'Olimpiade di Londra 2012. Ho perso la partita più importante della mia vita e l'ho persa dopo essere stato a un millimetro dal vincerla. Ho perso l'unica occasione per liberarmi di Bruninho, il figlio di Bernardo. Ho perso la possibilità di essere finalmente, unicamente, Bruno. Ho perso e so per certo che d'ora in avanti ci sarà sempre un prima e un dopo Londra.

So che non avrò mai modo di tornare indietro, di rigiocare la mia partita della vita. Quello che provo è un dolore profondo, viscerale, che mi spacca. Tocco il fondo e lo vedo. È nero, nerissimo.

Continuo a piangere. Non riesco, non voglio e non posso fermarmi. Mi manca l'aria. Vorrei scappare, ma non posso scappare da me stesso.

Di quel maledetto terzo set, di quei maledetti ultimi punti del set, ricordo ogni attimo, ogni opportunità, ogni singolo respiro. Ripenso ai time-out e mi rivedo confuso, incapace di reagire, un misto di rabbia e di disperazione.

A poco servono i compagni che, a uno a uno, entrano in camera per cercare di consolarmi in una Via Crucis di abbracci e sorrisi tirati.

Al mio fianco c'è Thiago Alves, mio compagno di stanza, pure lui resta in silenzio, non ha le parole giuste da dirmi anche perché di parole giuste non ce ne sono.

Quella sera, in quella camera che diventa ogni minuto più piccola, angusta, claustrofobica, inizia il momento più duro della mia vita. Non posso più girarmi indietro davanti alla paura e all'ansia che mi attanagliano.

Ci metto oltre tre ore per ritrovare un filo di lucidità e faccio l'unica cosa possibile: esco. Esco con la mia manager Alessandra e suo marito Giuliano.

Raggiungiamo altri compagni di nazionale a una cena organizzata dalla rivista «Placar» a pochi minuti dal villaggio olimpico.

Mi sento assolutamente e totalmente fuori luogo. C'è gente che sorride, che parla del match quasi con distacco. Sento il lento scemare della tensione e il salire inesorabile della disperazione. Ho lo stomaco chiuso, bloccato, ho freddo, mi tremano un po' le mani, ogni tanto mi nascondo per celare le lacrime.

Inizio a bere.

Bevo tutto quello che mi capita davanti, gin, soprattutto gin.

Più bevo più la tristezza e l'ansia si mescolano a un torpore che non riconosco, sono anestetizzato, nel corpo e nella mente.

Il salone diventa soffocante, la testa è pesante, la vista appannata, voglio scappare.

Incontro una ragazza che ho conosciuto pochi giorni fa al Villaggio, biascico qualcosa, non so cosa, preferisco non saperlo. Mi propone di accompagnarmi in hotel. In taxi ricordi confusi si sommano a mille pensieri, iniziamo a baciarci. Entriamo in camera. Stiamo insieme. Mi spengo in un sonno profondo, alcolico, non consolatorio.

È buio. Lo sarà per parecchi mesi ancora.

1
Il miglior under 5 del Brasile

Sono nato il 2 luglio 1986 a Rio de Janeiro. Già da questo avrei dovuto capire che mi piace stare al centro del gioco. Scelgo il giorno che spacca esattamente a metà l'anno, il centottantatreesimo.

Mio papà, Bernardo Rezende – chiamato da tutti "Bernardinho" –, è una leggenda del volley. Da palleggiatore, ha vinto l'argento all'Olimpiade di Los Angeles, nel 1984, perdendo la finale con gli Stati Uniti, un altro argento al Mondiale di Buenos Aires, nel 1982, e tre titoli sudamericani. Mia mamma, Vera Mossa, ha partecipato all'Olimpiade di Mosca 1980 e al Mondiale 1982. Quando arrivo io, babbo sta concludendo la carriera da atleta ed è pronto a muovere i primi passi come coach, mamma vince il secondo titolo brasiliano consecutivo con il Supergasbras, il club di Rio de Janeiro.

Insomma, sono un figlio d'arte.

Non ho ricordi dell'Olimpiade di Seul. Niente di strano: nel 1988 ho solo due anni. So però che entrambi i miei genitori tornano a casa senza medaglie. Mamma fuori dalle quattro migliori; papà, come secondo allenatore di un mostro sacro come Bebeto, perde la semifinale con gli Usa 3-0 e la finalina per il bronzo con l'Argentina 3-2.

L'anno successivo l'Italia entra nella vita della nostra famiglia. La squadra femminile di Perugia, neopromossa in A1 dopo sei sconfitte consecutive esonera il sudcoreano Park Ki-won e decide di affidare la squadra a un giovane allenatore brasiliano di cui si parla un gran bene... L'8 dicembre 1989 il club annuncia l'arrivo di Bernardinho, affidandogli il compito quasi impossibile di salvare la squadra. Che sia un'impresa disperata è chiaro a tutti – nelle prime undici giornate, Perugia ha vinto solo una volta –, ma papà sa come si fa. È già un coach che può fare la differenza e lo dimostra. Porta la nave in porto e chiude al dodicesimo posto la stagione.

In estate, babbo e mamma capiscono di dover prendere una decisione. Negli ultimi sei mesi, mio padre ha vissuto in Italia, mentre mamma è restata in Brasile con me e mio fratello Éder, avuto nel suo matrimonio precedente. Ma quella situazione non può durare a lungo: ne parlano insieme e decidono di riunire la famiglia. Il prossimo anno vivremo tutti a Perugia. Anche Vera Mossa, infatti, viene tesserata dagli umbri.

Arriviamo in un'Italia vestita a festa per il Mondiale di calcio organizzato in casa. Il Brasile di Dunga si ferma agli ottavi contro i nostri rivali storici, l'Argentina, ma anche per gli Azzurri arriva una doccia fredda: sconfitta ai rigori, sempre contro Maradona e compagni. Le "notti magiche" terminano in semifinale. Quanto a noi, cerchiamo di ambientarci: nuova lingua, nuove abitudini…

A Perugia, il PalaEvangelisti – un palazzetto che ricorda un po' un hangar – diventa la mia seconda casa. Le poche volte in cui mamma e papà non portano me e mio fratello con loro viene a casa la signora Marcia. Non ha un compito facile. Siamo simpatici, io ed Éder, belli come il sole, sorridenti, ma anche terribilmente vivaci. È proprio a Marcia che un giorno tocca chiamare papà durante l'allenamento.

«Signor Bernardo, è successo un pasticcio» urla la donna nella cornetta del telefono.

«Marcia, calmati e spiegami cos'è accaduto» risponde papà.

«I bambini, i bambini…» balbetta Marcia.

«I bambini che cosa?» ribatte Bernardo. «Cos'è successo, spiegami. Così mi spaventi.»

«Stavano giocando… E all'improvviso si sono tirati addosso un armadio!»

«Come stanno? Mi dica come stanno!» La voce di papà è sempre più agitata. «Si sono fatti male?»

«Bruno è incastrato sotto, non riesco a liberarlo.»

Queste sono le ultime parole di Marcia. Bernardo non le lascia neanche finire la frase: sospende l'allenamento, chiama mamma e corre a casa con lei. Per fortuna, la situazione è meno tragica di quanto temevano. In qualche modo riescono a liberarmi, ho solo qualche graffio, ma io e mio fratello ci becchiamo una bella sgridata. Dal giorno dopo non è che cambiamo modo di giocare, ma almeno i mobili restano al loro posto, già un bel passo avanti.

È in quella stessa casa che, a volte, vengono organizzate le sedute video dove la squadra visiona i vhs delle formazioni avversarie (oltre a consumare la merenda). C'è tutto il gruppo, giocatrici e staff, nessuno escluso. E per me è il primo vero momento di "spogliatoio". Ho solo quattro anni, ma comincio già a respirare e a vivere quel senso di comunità che mi accompagnerà per sempre, nello sport come nella vita. Penso sia nata proprio in quei lunghissimi e meravigliosi pomeriggi la consapevolezza di quanto sia importante il gruppo, di quanto possa fare la differenza. È per questo che è fondamentale stare insieme: in palestra, certo, ma anche e soprattutto fuori.

La mia vivacità, l'esuberanza, il desiderio di scoprire il mondo crescono a mano a mano che cresce il mio corpo. Sono una bomba di energia. Fuori dal PalaEvangelisti, nel parcheggio, c'è una piccola rampa dove imparo ad andare in bicicletta. Su e giù, su e giù, senza sosta, senza fine. L'idea di saper dominare quel mezzo mi fa sentire di colpo grande. È la mia prima conquista e ha sullo sfondo l'immagine familiare del palasport. Volley, per me, significa casa, famiglia, vita.

A ogni allenamento, tra l'altro, mi concedo alle coccole delle compagne di squadra di mamma. Mi piace da matti. Ho un debole per Giorgia Marchi. Arrossisco quando mi guarda, ma che meraviglia il suo sorriso, lo ricordo nitidamente ancora oggi. A volte faccio un sonnellino sulla panchina, cullato dal rimbombo delle schiacciate che vanno a segno. Più spesso mi impossesso di un pallone e comincio a giocare. Da questo punto di vista, l'appuntamento più atteso è quello alla fine della seduta: finché la squadra si allena non posso disturbare. Allora attendo il mio turno, anche se smanio dalla voglia di misurarmi con mamma e papà. Sono al settimo cielo quando finalmente sento la voce dei miei.

«Dài vieni, Bruno!»

Il campo, mamma, papà e io. La cosa più bella che c'è. Sono le prime "palla a coppie" della mia vita. Un'esercitazione base nella pallavolo. Un giocatore di fronte all'altro a tenere in aria il pallone con bagher, palleggi e schiacciate.

Altre volte, scruto i tifosi e gli addetti ai lavori che seguono l'allenamento dalle poltroncine del palasport. Li guardo tutti, a uno a uno, e quando la faccia mi sembra quella giusta, entro in azione. Mi avvicino candido, sorrido.

Dico: «Vuoi giocare a pallavolo con me? Ti va?».

La rete è la balaustra rossa di metallo che separa il parquet dalle tribune. L'altezza ideale per uno della mia età.

«Inizio io, va bene?» spiego poi al malcapitato.

Chi mai direbbe di no a un bambino? E infatti quello risponde: «Ok».

Mi alzo la palla in bagher e schiaccio. «Prendi questa» urlo.

Se mi accorgo che l'avversario mi fa vincere solo perché sono piccolo (succede, purtroppo), mi metto la palla sotto il braccio e blocco tutto.

«Ho vinto io, grazie» dico. «Ora cerco qualcun altro.»

E via verso un nuovo avversario... Il mio spirito competitivo è già fuori dal comune. La parola "sconfitta" è un termine che nel mio vocabolario non trova posto. Le gare sono la mia benzina.

Da questo punto di vista, ho preso da mio padre. È ossessionato dalla vittoria, quella stessa ossessione che ho io nel dna, avrò modo di capirlo ancor meglio da grande. Il suo è un carattere forte, duro, spigoloso, ma allo stesso tempo estroverso e guascone. Mamma, al contrario, è di una dolcezza disarmante, quando mi abbraccia il mondo mi sorride. È bellissima, naturalmente empatica e sensibile, intensa: mi riconosco in tanti suoi tratti anche e soprattutto oggi.

Quando usciamo, mamma si prende sempre del tempo per sfidarmi a shanghai o a *pedra, papel e tesoura*, "sasso, carta, forbici". Quella che in Italia si chiama morra cinese.

«Bruno, vuoi giocare?» mi sorride mamma.

«Sì!!!» Non aspetto altro.

Già a quell'età, anche se non me ne rendo pienamente conto, la pallavolo è nei miei pensieri. Francesco Fogu e Paolo Santori, gli assistenti di papà degli anni di Perugia, mi racconteranno un aneddoto. Una sera, squadra e staff vanno fuori a cena mentre io rimango a casa con Marcia e mio fratello. Al loro ritorno mi trovano seduto davanti alla televisione, con in mano un foglio a quadretti e una penna. Sullo schermo c'è un campo arancione e una rete che lo taglia a metà.

Papà si avvicina, dà un'occhiata al monitor, poi si rivolge a me: «Bruno, cosa fai?».

«Guardo una partita» rispondo sicuro.

«E intanto disegni?» mi chiede Francesco.

«Ma cosa dici, no. Secondo te si può guardare una partita e intanto disegnare?» ribatto, quasi infastidito.

«E allora perché tieni in mano quel foglio e la penna?» indaga papà.

«Sto facendo lo scout per voi.» Metto su un sorriso soddisfatto. «Siete andati a cena e allora mi sono messo io a studiare la squadra contro cui giocherete domenica prossima.»

Già, allora le rilevazioni statistiche si facevano così: guardando e riguardando i vhs delle partite e nel frattempo segnando le traiettorie d'attacco sui fogli a quadretti. Alcuni di questi fogli sono ancora custoditi a Campinas, da mia nonna. Seppur inconsciamente, rappresenta il mio primo punto di contatto con la pallavolo dei grandi.

A proposito, qualche mese dopo incontro il più "grande" di tutti, Julio Velasco. Papà e mamma mi portano con loro a non so più quale evento, e a un certo punto arriva questo argentino dallo sguardo carismatico e la lingua pungente. Proprio in quel periodo, alla guida della nazionale italiana, sta dando vita alla "generazione di fenomeni", la squadra che dominerà la pallavolo mondiale per un decennio intero. Ma io non mi faccio intimidire. Anzi, alla prima occasione metto le cose in chiaro con lui.

«Io sono Bruno, il miglior under 5 del Brasile» mi presento senza timore.

Così, diretto.

Velasco strabuzza gli occhi, mio padre mi guarda, dopo un attimo di imbarazzo scoppiano entrambi a ridere.

Mi ritrovo in una situazione simile con Renan Dal Zotto, oggi ct della Seleção e allora schiacciatore a Parma. Renan ha vinto tutto, è un monumento del volley brasiliano e con papà ha conquistato l'argento a Los Angeles.

«Chi è il giocatore più forte del mondo?» mi chiede lui con un sorriso.

Io non ho alcun tipo di esitazione. Rispondo convinto: «Renan, tu sei forte, ma il migliore è Karch Kiraly».

Ovvero il giocatore simbolo della squadra statunitense che, all'Olimpiade di Seul, ha infranto il sogno olimpico del loro Brasile.

Per fortuna, anche Dal Zotto scoppia a ridere. Incosciente o no, da bambino non ho paura di niente e di nessuno.

Perugia, nel frattempo, diventa una squadra di primo piano del volley femminile: nell'aprile del 1992 la squadra dei miei genitori si ritrova a disputare la finale di Coppa Italia. Io non ho ancora compiuto sei anni e li seguo a Modena. Il PalaPanini mi fa venire i brividi: è così grande e maestoso, non ho mai visto niente di più bello e affascinante. Ci sono due anelli per gli spettatori, un soffitto altissimo, con le curve piene, stipate di gente, colori, bandiere. La meraviglia assoluta.

Sabato 4 aprile Perugia supera in semifinale San Lazzaro per 3-1. In quella squadra oltre a mamma ci sono giocatrici come Maurizia Cacciatori e Guendalina Buffon, la sorella di Gigi, portiere dell'Italia campione del Mondo nel 2006.

In finale sfidano Matera di Giseli Gávio e Keba Phipps, che a sua volta ha eliminato la Teodora Ravenna 3-1. La partita è molto equilibrata, si arriva al quinto set, 16-16. Allora non si andava oltre il diciassettesimo punto. Lo realizza mamma. Una diagonale stretta imprendibile per una finale che chiude con dieci punti e undici cambi palla. Impazzisco di gioia. Non gioco io, ma è come se lo facessi. Che emozione la vittoria e che bello festeggiare dopo.

La famiglia Rezende-Mossa chiude l'esperienza a Perugia con due finali scudetto consecutive: la prima nel 1991 contro Ravenna, la seconda nel 1992 contro Matera, una Coppa Italia vinta e un'altra persa in finale. Un bottino mica male per una squadra che, soltanto due anni prima, viene sconfitta in dieci partite nelle prime undici giornate di campionato.

Papà a quel punto passa al volley maschile e viene ingaggiato proprio da Modena. Modena sta al volley come il Real Madrid o il Barcellona stanno al calcio. Il top mondiale. Babbo, però, ci arriva nella stagione sbagliata. Anche mamma cambia casacca: destinazione Sumirago, in provincia di Varese. Io seguo lei in Lombardia, insieme a mio fratello, mentre il fine settimana scendo in Emilia a trovare il babbo.

Troviamo casa ad Albizzate, a due passi dal palasport, dove ci raggiunge anche Anna, la signora che aiutava in casa a Rio. È qui che inizio la mia avventura scolastica. Vengo iscritto alla prima elementare e ormai parlo l'italiano molto meglio dei miei genitori.

Finalmente ho anche l'età per cominciare con il minivolley. L'allenatrice è Franca Bardelli (novantatré presenze in nazionale), la moglie dell'allora ct dell'Italia femminile Giuseppe Bosetti e mamma di Lucia e Caterina, che diventeranno due grandi giocatrici azzurre. In quella stagione mamma conclude il campionato al decimo posto. Lo stesso piazzamento di papà a Modena: la sua è una squadra di transizione, quella con cui finisce l'epopea Panini. L'anno dopo arriverà il nuovo presidente Giovanni Vandelli e i gialli torneranno a vincere.

Ma mio padre non farà in tempo a scoprirlo. Al termine del campionato 1992-93, la federazione brasiliana fa una scelta decisa, che cambierà la sua vita e, di riflesso, anche la mia. Bernardinho viene nominato selezionatore della squadra femminile verdeoro. Mamma decide invece di restare altre due stagioni a Sumirago.

Nel 1994 la vita mi mette per la prima volta alla prova e, come spesso accadrà, in modo del tutto inaspettato, senza alcun avvertimento. I miei genitori si separano. Me lo comunicano il giorno dopo la festa del mio ottavo compleanno. Un 3 luglio che non dimenticherò. È una doccia fredda, ho otto anni, sto benissimo con mamma e papà, mi sembrano contenti anche loro. Perché una scelta così?

Non la prendo bene, cerco di capire, ma fatico. Mi abituo in fretta a vederli con altre persone a fianco, ma qualcosa dentro di me cambia. Inevitabilmente.

Credo che tutto questo influenzerà anche, negli anni successivi, la mia vita "nomade". Spesso ci scherzo sopra con il mio amico e compagno di avventure in nazionale Murilo, uno dei più forti schiacciatori che il Brasile abbia mai avuto. Ancora oggi mi ripete: «Bruno, fatti una casa, comprati un tuo rifugio». Sì, perché io invece sono sempre passato dalla casa di mamma a quella di papà a quella dei nonni, fino ad arrivare all'abitazione che mi viene assegnata di volta in volta dal club dove gioco. Forse è proprio l'eredità della separazione dei miei genitori che mi fa vivere così.

Dall'inizio del 1994 torno in Brasile, seguo papà a Rio de Janeiro. In Italia avevo trovato stabilità, serenità, amici. Una famiglia unita con la stessa, grande passione. Torno in Brasile e mi tocca ripartire da zero, con mamma e papà che sostituiscono ai sorrisi che si scambiavano prima degli sguardi diversi. Sono affettuosi con me, capiscono il periodo complicato che sto attraversando, continuano a nutrire rispetto reciproco e non c'è mai una parola fuori posto per "tirarmi" da una parte o dall'altra. Ma mentirei se dicessi che questa situazione mi sta bene.

È a Rio che vivo la mia prima avventura pallavolistica. Gioco nella Fluminense, lo stesso club dove ha iniziato in gioventù anche papà, mi sono iscritto quasi per inerzia, come se il figlio di Bernardinho e di Vera Mossa non potesse fare nient'altro che giocare a volley. Un po' palleggio, un po' schiaccio. Raggiungo la finale regionale contro il Flamengo, dove incontro Leandro Vissotto, giocatore straordinario che vivrà con me momenti splendidi e una marea di vittorie in nazionale. Quella partita, la prima finale della mia vita, la perdiamo. Capisco in quel momento che perdere non mi piace per niente, farlo giocando a pallavolo ancora meno.

I pellegrinaggi di mio padre non si interrompono a Rio. Un paio d'anni dopo ci trasferiamo a Curitiba, la capitale del Paraná, novecento chilometri più a sud (nel club di quella città, tra l'altro, nel 1998 approda per una stagione una straordinaria diciannovenne, Francesca Piccinini).

Successivamente, ci spostiamo a Campinas. Qui mi avvicino anche ad altri sport. Oltre alla pallavolo, non sono male a badminton e gioco a calcio come centrocampista. In Brasile, impazziamo tutti per Romário e Ronaldo, ma il mio idolo assoluto è un altro. È Túlio Maravilha, già il nome è poesia. È un attaccante col fiuto del gol, che in quel periodo gioca per il Botafogo, la mia squadra del cuore. Non è il Fenomeno e non ha la tecnica dei campionissimi, ma mi piace da impazzire. Corre più di tutti, lotta più di tutti, doppio passo a mille all'ora. Lo guardi e capisci che se ce l'ha fatta lui, forse, puoi farcela anche tu.

Ho una predisposizione naturale per varie discipline.

Probabilmente è una questione di geni: dei miei genitori ho già detto, ma non sono gli unici sportivi di famiglia. Mio nonno Carlos Luiz Mossa è stato detentore del record brasiliano dei 110 ostacoli e, nel 1965, ha vinto il titolo sudamericano. Oppure dipende dal fatto che adoro frequentare il centro sportivo, che in Brasile chiamiamo *club*: è lì che ho la fortuna di osservare da vicino un grande protagonista dello sport brasiliano come Antônio de Oliveira Filho, Careca. È stato il "gemello" di Maradona al Napoli e vederlo giocare è qualcosa che ti apre il cuore.

Quella che non cambia, trasloco dopo trasloco, è la mia indole "vivace". Un pomeriggio, giocando a guardie e ladri con gli amici, mi arrampico sul tetto del club. Niente di strano, quando si è alla ricerca di una buona via di fuga... A un certo punto, però, sento uno strano scricchiolio. Mi guardo intorno confuso, non capisco da dove proviene. Quando mi rendo conto che quel suono proviene da sotto le mie scarpe, lo scricchiolio diventa un boato e io mi ritrovo letteralmente a mezz'aria. Il tetto si spacca e io precipito nella sala macchine del centro sportivo.

Un bello spavento e un bel disastro: veniamo sospesi e dobbiamo risarcire il danno. Ma, ancora una volta, ne esco tutto intero.

È l'ultima "ragazzata", il mondo dei grandi mi chiama.

2
Più forte dei fischi

Il Brasile e il suo popolo da sempre vivono lo sport come un momento di riscatto, il mezzo con cui affermare la forza di un Paese tanto magnifico quanto ricco di contraddizioni e povertà. Così le sue stelle più luminose diventano i figli prediletti di un'intera nazione. Senna, Romário, Kuerten, Ronaldo sono solo alcuni di questi campioni, la storia recente del mio Paese e la mia gioventù sono segnati dalle loro imprese.

Ayrton Senna, tra la fine degli anni Ottanta e l'inizio dei Novanta, vince tre Mondiali e quarantuno gran premi di Formula 1, scatenando l'entusiasmo dei tifosi brasiliani e di tutto il mondo con la sua fantastica capacità di volare sull'acqua. Ayrton è di tutti senza appartenere a nessuno, una fonte di ispirazione, nello sport, nella vita.

Torno in Brasile proprio l'anno della sua morte, in seguito al tragico incidente al gran premio di Imola. È il 1994 e a quel punto il testimone dello sport brasiliano passa virtualmente a Romário, *O Baixinho*, che guida la Seleção calcistica al successo mondiale. Nella finale di Pasadena contro l'Italia, il rigore tirato sopra la traversa da Roberto Baggio ci regala un titolo che manca da ventiquattro anni, dai gol di Pelé all'Azteca di Città del Messico.

Da Romário a Kuerten il passaggio è breve. Il tennista di Florianópolis nel 1997 vince il Roland Garros. È il primo brasiliano a conquistare un titolo dello Slam dai tempi di Maria Bueno, che vinse l'ultimo Us Open nel 1966, e tornerà a dominare la terra rossa parigina anche nel 2000 e nel 2001. L'anno dopo tocca a Ronaldo ereditare i gradi di simbolo planetario dello sport verdeoro, guidando la nazionale di calcio al successo nel Mondiale coreano. Germania battuta 2-0 in finale con una sua doppietta.

Ma in quel periodo, all'inizio del nuovo millennio, c'è un'altra Seleção che entra nell'olimpo dello sport mondiale, diventando l'ennesimo mito sportivo del nostro Paese. È la nazionale di pallavolo. Una squadra che, match dopo match, fa crescere in me il desiderio di vestire quella stessa maglia. Un sentimento che ancora oggi mi porta a mettere quei colori sopra a ogni altra cosa.

Il decennio d'oro del Brasile pallavolistico comincia quando mio padre, dopo poco più di un quinquennio alla guida della nazionale femminile, viene chiamato sulla panchina maschile. È il 2001 e in pochissimo tempo riesce a dar forma a una generazione di vincenti. Un gruppo di giocatori talentuosissimi che sposano in toto la sua filosofia, fondata sul lavoro. Giba ha un carisma e una classe senza eguali, Sérgio è il simbolo della riscossa sociale, lui che cresce in una favela di San Paolo e inizia a lavorare a dodici anni. E poi ci sono Ricardo, Nalbert, Gustavo e André Heller.

Mentre papà comincia a costruire le basi di quella squadra rivoluzionaria, io sono un adolescente che deve decidere che cosa fare del proprio futuro. Nel 1999 inizio a giocare con il Fonte San Paolo, ma nei due anni successivi alterno alla pallavolo molti sport.

«Bruno, secondo me dovresti fare una scelta...» mi dice un giorno mio padre.

Io sono appena tornato dall'allenamento, sento i muscoli tirati dall'attività fisica.

«In che senso?» gli chiedo.

Lui indica il borsone che tengo a tracolla, quello con dentro la divisa sporca e l'asciugamano bagnato. Credo di capire dove vuole portare il discorso, così resto in silenzio.

«Da due anni coltivi le tue passioni» dice lui. «Pallavolo, badminton, calcio... Stai provando tutto quello che ti piace. Ma se il tuo obiettivo è diventare forte in qualcosa, ti consiglio di fare la tua scelta e smettere di saltellare da uno sport all'altro.»

La sua voce, il suo carisma mi catturano. Bernardo non è autoritario, non vuole impormi una decisione. Sta solo facendo quello che quasi tutti i genitori fanno. Mi invita a non disperdere le mie energie.

«Ci penserò, papà» gli rispondo prontamente.

E lo faccio davvero. Ci metto un po' a decidere, ma

alla fine qualsiasi dubbio viene dissipato dall'amore che provo per lo sport con cui sono cresciuto, quello che vivo da quando sono nato: la pallavolo. E poi non è solo un discorso di passione, credo anche di esserci portato!

Una volta presa la mia decisione, tutto si allinea nel modo giusto. Io mi sento leggero e contento, capisco immediatamente di aver fatto la scelta giusta. La pressione di dover dimostrare di non essere solo il figlio di Bernardo e Vera Mossa arriverà molto più tardi. All'epoca, non posso sapere quanto ingombrante diventerà, in brevissimo tempo, la figura di mio padre. In cinque anni, dal 2001 al 2006, coach Bernardo de Rezende guiderà la Seleção alla conquista di sedici trofei, tra cui un'Olimpiade, due titoli mondiali e cinque World League. In Brasile tanto lui quanto i suoi giocatori diventano famosi come delle rockstar.

Un passo alla volta, Bruno.

Così comincio la mia rincorsa alla maglia della nazionale. Ormai ho le idee chiare e sono assolutamente convinto che la pallavolo è il mio futuro. Nel 2003, a diciassette anni, arrivo a giocarmi il titolo juniores, ma la mia squadra viene sconfitta in finale.

Mi convocano per il mio primo collegiale, dove vengono selezionati i ragazzi che parteciperanno al Mondiale under 19. È la mia prima vera occasione per arrivare alla Seleção. Io, Lucas e Alison, futuro campione olimpico nel beach volley a Rio, veniamo scartati. Il Brasile vince quel torneo iridato davanti a India e Iran.

L'anno dopo ho una nuova occasione: ancora una volta lavoro nel gruppo della selezione juniores (questa volta si prepara il Sudamericano), e ancora una volta non vengo convocato.

«Bruno, sei out, ci dispiace.»

È un momento difficile, pensavo di potercela fare e invece sono costretto a tornare a casa in taxi. In quel viaggio cerco di mettere in ordine i miei pensieri. Guardo fuori dal finestrino e, invece di veder scorrere i palazzi, gli alberi e i passanti, vedo solo il mio riflesso di adolescente che si interroga sul futuro.

Due tentativi, tutti e due andati male. Bruno, vuoi davvero diventare un giocatore di pallavolo?

Il pensiero mi risuona nella testa, la mia faccia sul finestrino scompare e lascia il posto al riflesso del sole. Chiudo gli occhi. La risposta non cambia.

Sì, lo voglio.

Quando suona il telefono, per un momento non capisco che cosa sta succedendo. Ci metto un attimo prima di tornare a sintonizzarmi con il mondo reale. Abbasso lo sguardo sul display. È mio padre.

«Come stai?» mi chiede subito.

È evidentemente preoccupato per me, teme che la seconda esclusione consecutiva sia un colpo duro da assorbire. Un po' è così.

«Sto bene» gli rispondo, cercando di non far trasparire la delusione.

«È la verità?»

La mia risposta non lascia spazio a dubbi. «Da domani torno ad allenarmi perché non voglio più vivere questa sensazione. Io ce la faccio, lo so che ce la faccio e lo sai anche tu.»

Dopotutto questa è l'età dei primi amori e dei grandi dolori sentimentali. Il mio amore più grande, quello per la maglia del Brasile, non è condiviso. Ma quando sei innamorato, che cos'altro puoi fare? Be', ci riprovi…

«Bruno, sei dentro.»

Aspetto di sentire queste parole per giorni, mentre sono in ritiro con la nazionale di categoria in Olanda, e quando finalmente arrivano la soddisfazione è enorme. Significa che sono tra i convocati per il Mondiale under 21 del 2005. Si disputerà in India e io indosserò la stessa maglia che hanno vestito mamma e papà. Comincio a vedere i frutti del lavoro e della perseveranza che ogni giorno i miei genitori mi hanno insegnato a coltivare.

Il Brasile chiude con l'argento. In finale perdiamo 3-0 contro la Russia. In quel gruppo c'è Lucas, un fratello per me, dall'altra parte ci sono Grankin in regia e il centrale Volkov. Avrò modo di ritrovarli più avanti, tante, forse troppe volte.

Poco dopo vinco il titolo brasiliano 2005-2006 con la mia squadra di club, il Cimed Florianópolis, e vengo eletto miglior regista della Superliga. Gara-5 contro il Minas, la sfida decisiva, la giochiamo a Belo Horizonte davanti a ventimila spettatori e la vinciamo 3-1. Il giorno dopo, scopro di far parte della lista allargata di venticinque giocatori per la World League. È la mia prima convocazione in nazionale maggiore, un sogno che si avvera. Non è papà a comunicarmelo, lo vengo a sapere dai dirigenti del club la mattina dopo i festeggiamenti per il titolo, quando mi reco in società per concedere delle interviste.

Solo in seguito ne parlo con mio padre. «Non mi hai detto niente» sottolineo.

«Non dovevo dirti niente, Bruno, la notizia è uscita oggi e tu dovevi apprenderla oggi. E poi in questi giorni eri impegnato con la serie di finale del campionato ed era giusto non disturbarti» si giustifica papà, Bernardo, il ct del Brasile.

Nelle gerarchie della nazionale sono il terzo palleggiatore: davanti a me ci sono Ricardo e Marcelinho. Due campioni.

Nei primi allenamenti osservo gli altri con attenzione, studio le loro mosse e i loro comportamenti, cerco di imparare il più possibile. Bastano pochi giorni per farmi capire perché questo gruppo ha vinto e continua a vincere da tanti anni. Sono affamati. Anche se hanno raggiunto tutti gli obiettivi che un pallavolista può darsi in una carriera intera, si allenano ogni giorno con cuore e passione. Negli occhi hanno la grinta di chi vuole sbranare il mondo. Il loro esempio parla, non le parole. Quanto a me, scoprire quanta determinazione conservano i miei idoli, dopo tanti trionfi, mi colpisce in modo clamoroso. Ecco che cosa significa "mentalità vincente", mi dico.

Debutto in World League nel 2006 e poi mi ripeto nel 2007, dove riesco a scendere in campo in Corea e in Finlandia, mentre i big si godono qualche meritato giorno di vacanza prima che le partite si facciano più impegnative. Tornano per la fase finale, in Polonia, dove Ricardo viene premiato come mvp del torneo (che vinciamo): è il regista della nazionale oro olimpico ad Atene, tra i giocatori di primo piano del campionato italiano. Rispetto ai miei primi successi con il Cimed nella Superliga brasiliana, è un gigante.

Non ho nemmeno il tempo di riflettere su quanto accaduto, su tutte le emozioni che ho vissuto in occasione del mio debutto, che comincia il raduno per il Panamericano 2007. I ritmi del volley sono altissimi e spesso non c'è nemmeno il tempo per respirare. Insomma, mi trovo di nuovo in ritiro con la nazionale. Questa volta gli accordi sono chiari fin dal principio: mi viene detto che, quando arriverà Ricardo, lascerò il gruppo e farò ritorno alla mia società.

Mi dispiace, ma va bene così. Ho solo ventun anni e non devo avere fretta: nel mio ruolo, davanti a me c'è un giocatore che ha semplicemente vinto tutto.

Quando si avvicina la fine del raduno, telefono ai miei compagni di squadra di Florianópolis. «Ragazzi, oggi lavoro con la squadra, ma domani arriva Ricardo e mi liberano. Domenica ci siete?»

«Certo» rispondono loro.

«Allora tenetevi liberi» sorrido io. «Ci facciamo una grigliata!»

Invece Ricardo il giorno dopo non arriva. Io non faccio domande e continuo ad allenarmi. Vedo mio padre ogni tanto avvicinarsi ai suoi collaboratori con la faccia tesa, decisamente poco amichevole, ma quando sono in nazionale quasi non oso rivolgergli la parola. Avrà i suoi motivi... Lui è Bernardo, l'allenatore della Seleção, mentre io sono solo un giocatore. C'è il distacco che deve esserci tra tecnico e atleta e non il rapporto che esiste tra padre e figlio. Lo capisco, lo accetto e percepisco che anche i compagni lo apprezzano, da Sérgio che ama chiamarmi "Bimbo" a Murilo.

«Ma sei ancora là?» mi chiedono il venerdì sera i ragazzi di Florianópolis al telefono. «La grigliata è confermata?»

«Ovvio.»

Ricardo si presenta in ritiro soltanto nel tardo pomeriggio del sabato. Lì per lì non ci vedo niente di strano, mi limito a salutarlo, poi corro a preparare le mie cose. Devo sbrigarmi se voglio arrivare a casa in tempo per la grigliata. Alle 6, però, il team manager Zé Inácio mi chiama.

«Bruno, vieni nella mia stanza. C'è un foglio da firmare.»

Non do molta importanza a questa strana richiesta e mi presento da lui.

«Lo sai che cosa succede adesso?» mi chiede Zé Inácio, non appena entro. Davanti a lui, sulla scrivania, ci sono un documento e una penna.

«No» dico. «Che cosa succede?»

In tutta risposta, abbozza un sorriso e fa un cenno verso il foglio. Quando capisco, rimango letteralmente paralizzato. Mi ci vogliono alcuni secondi per uscire da quello stato catatonico.

Evidentemente, mio padre e il suo staff non hanno accettato il ritardo di Ricardo. Non l'hanno ritenuto un comportamento professionale e hanno deciso di escludere il giocatore dal Panamericano. Risultato: vengo convocato al suo posto. Sarà la mia prima partecipazione a un torneo internazionale di quel calibro. Sarò la riserva di Marcelinho.

Quando esco dalla stanza del team manager sono ancora stordito. Quasi non riesco a parlare. I compagni capiscono subito il mio stato d'animo, la mia emozione, ed è bellissimo sentire la loro fiducia.

Poco dopo, mi ritrovo in ascensore con André Heller, uno dei senatori. Medaglia d'oro olimpica nonché esempio per tutti noi più giovani.

«Bruno, stai tranquillo, era giusto che arrivasse il tuo momento» mi dice con voce sicura. «Continua a fare quello che stai facendo. La squadra ha fiducia in te.»

Le sue parole sono come un bicchiere di guaranà bevuto alla goccia: una scarica di adrenalina.

Capisco, però, che la mia soddisfazione ha anche un contrappasso. Quello stesso giorno, dopo l'allenamento serale, mi presento nella stanza di Ricardo, insieme a Giba. È comprensibilmente sconsolato.

«Io non capisco questa scelta, sono l'mvp dell'ultima World League. Non è giusto.»

Raccolgo il suo sfogo facendo fatica a trovare le parole.

«Non me lo meritavo, sono deluso...» continua lui.

Dentro di me c'è la convinzione che quell'esclusione sia solo una decisione temporanea. Una scelta dettata dalla foga del momento e dalla volontà di dare un messaggio alla squadra: «Qui siamo tutti uguali e tutti devono sottostare alle stesse regole...».

«Non appena la cosa sarà rientrata, riprenderai il tuo posto in squadra» gli dico, e ne sono certo.

Invece non andrà così: ci vorranno parecchi anni perché Ricardo torni a vestire la maglia verdeoro.

A pochi giorni dall'inizio del torneo, l'attenzione mediatica arriva al culmine. È comprensibile, dal momento che la competizione si disputa a Rio de Janeiro e la nostra squadra è campione olimpica e del mondo in carica. Dopo la sconfitta nel 2003, in semifinale contro il Venezuela, il Panamericano è l'unico titolo che ancora manca a questo gruppo. Tutti, insomma, si aspettano che il digiuno venga interrotto.

In particolare, i media scrivono e parlano molto del fatto che io sono il figlio dell'allenatore e che, per portare me in prima squadra, mio padre abbia fatto fuori Ricardo, niente di meno che il miglior palleggiatore al mondo. Io cerco di non badarci e di concentrarmi solo sugli allenamenti. Ma non è semplice.

Tutta questa attenzione non voluta si traduce in una pessima accoglienza. In occasione del mio primo ingresso in campo, vengo accolto dai fischi. Il pubblico di Rio, invece di sostenermi, sceglie di esprimere a gran voce la propria insoddisfazione. Capisco la situazione, non ci rimango nemmeno così male. Però dentro di me scatta qualcosa. So quello che ho fatto per arrivare fino a qui, so quanto valgo e so per certo che nessuno mi ha regalato nulla... Ma cosa devo fare affinché lo sappiano anche gli altri...?

Vinciamo il torneo panamericano – successo in finale sugli Usa – senza perdere nemmeno un set, ma per me l'esperienza è agrodolce. Quei fischi non li scorderò facilmente, ne sono certo.

Il 2008 è l'anno dell'Olimpiade, il sogno di qualsiasi atleta.

La nostra squadra è molto esperta. I centrali sono Gustavo e André Heller, in regia Marcelinho e opposto André Nascimento, schiacciatori Dante e Giba, con Sérgio libero. Io entro per il doppio cambio insieme ad Anderson. Sono in fiducia, sempre più inserito in un gruppo di campioni straordinari. Sono loro a trasmettermi quei valori che diventeranno i miei compagni di vita quotidiani. Nonostante abbiano vinto tutto quello che c'era da vincere, ogni giorno portano in palestra dedizione al lavoro, voglia di soffrire, impegno assoluto. Negli anni, è capitato che qualche giocatore di talento arrivasse in prima squadra ma poi non confermasse la convocazione. Il motivo era semplice: non riusciva ad allinearsi alla mentalità di quel gruppo straordinario.

La gran parte della squadra ha già vinto un'Olimpiade, nel 2004, così arriviamo a Pechino sereni, con la consapevolezza di quello che dobbiamo fare per arrivare fino in fondo. Abbiamo una grande fiducia nei nostri mezzi. Ma non è arroganza, è un dato oggettivo.

A Pechino, vengo catapultato in un posto magico. Cammino per i vialetti del villaggio olimpico e vedo Federer e Nadal, incontro Bolt in sala mensa, c'è l'Argentina del calcio con Messi, Agüero e Lavezzi, il Brasile ha portato Ronaldinho... Sono il più giovane della squadra e per il gruppo sono disposto a tutto. Anche a inforcare la bicicletta per andare a recuperare alla zona ristoro hamburger per tutti non appena qualche senatore dice queste parole magiche: «Ragazzi, non avete fame?».

Nel girone vinciamo quattro partite e ne perdiamo una, contro la Russia. Ma per questo Brasile non è un problema, anche perché passiamo comunque il turno al primo posto. Nei quarti superiamo di slancio la Cina (3-0), nonostante l'infortunio di Anderson che ci priverà di una pedina importante da usare a partita in corso. In semifinale superiamo 3-1 l'Italia e ci qualifichiamo per la finale con gli Stati Uniti.

Il nostro primo set è perfetto: lo vinciamo 25-20 senza sbagliare quasi niente. Poi, però, succede qualcosa e gli Usa vengono fuori con tutta la loro forza. Spinti da un Lloy Ball e uno Stanley straordinari, inanellano punti uno dopo l'altro. Io provo a fare la mia parte: dalla panchina incito i miei compagni e cerco di dare il massimo quando vengo chiamato in causa (dopo l'infortunio di Anderson, il doppio cambio lo faccio con Samuel Fuchs). Ma l'inerzia non cambia: Stati Uniti battono Brasile 3-1. Siamo medaglia d'argento, la delusione è una botta difficile da gestire.

Per tanti miei compagni questa era l'ultima opportunità. Gustavo, André Heller, Marcelinho, lo stesso Anderson... Sono tutti all'ultima recita olimpica. La base di quel gruppo fantastico che ha dominato il mondo per quasi un decennio è al capolinea. A Pechino si chiude un ciclo che io ho solo sfiorato.

La rivoluzione generazionale che mio padre compie l'anno successivo si basa su pilastri come Giba, Murilo e Sérgio, a cui vengono affiancati giovani di qualità che hanno maturato un po' d'esperienza nella World League degli anni precedenti: oltre a me, ci sono Lucas, Sidão, Éder, Thiago Alves e Vissotto. Come navigati architetti, papà e i suoi collaboratori scelgono di ristrutturare la casa verdeoro con la consapevolezza di avere delle fondamenta solide. Oltre alle qualità dei singoli, lavoro e mentalità sono i due capisaldi su cui mio padre costruisce le vittorie, il che si traduce in un carico quotidiano importante con almeno una seduta al giorno di pesi, a volte anche due.

Per comprendere il culto del lavoro che anima la nostra squadra c'è un aneddoto che mi piace raccontare. Nel 2007, l'allenatore italiano Daniele Bagnoli decide di approfondire la filosofia di Bernardo, per cercare di scoprire qual è il segreto del Brasile. Per una settimana si presenta a Saquarema, dove si trova il quartier generale verdeoro, per seguire gli allenamenti. Oltre a lui, in ritiro c'è un discreto viavai perché sono presenti anche le famiglie di noi giocatori. Mio padre ha l'abitudine di aprire le porte del centro sportivo per una settimana al mese e, in quelle occasioni, il mercoledì sera siamo soliti organizzare un barbecue. Cibo, birra, vino, musica, qualche partita a carte e molte chiacchiere. Quella volta partecipa anche Bagnoli e vede molti di noi rientrare in camera all'una passata.

Il giorno dopo, l'allenatore italiano si sveglia senza fretta. Si presenta in sala pesi verso le dieci e trenta e la trova già piena di atleti indaffarati. Si avvicina a mio padre, che sta seguendo gli esercizi insieme allo staff.

«Avete appena cominciato?» gli chiede.

Bernardo lo guarda fisso prima di rispondere. «No, stiamo finendo il secondo gruppo di pesi. Tra poco iniziamo con la palla.»

«Ma se ieri sera c'è stato il barbecue, la musica, la festa fino a tardi...» cerca di capire Bagnoli. «A che ora avete cominciato?»

«Alle 7,30» risponde mio padre, impassibile. E davanti allo sguardo basito del coach italiano, sente il dovere di aggiungere: «Ogni settimana il mercoledì si tira tardi, ma il gruppo sa che il giorno dopo ci sarà un allenamento come tutti gli altri. Non si può mai abbassare la guardia».

È questa la forza della filosofia di Bernardo. Ed è il motivo per cui, nonostante il ricambio generazionale, continuiamo a macinare vittorie: la World League 2009 è una cavalcata inesorabile verso le Final Six di Belgrado: in dodici partite perdiamo una sola volta. In semifinale annientiamo la Russia, allenata proprio da Daniele Bagnoli. In tre set lasciamo loro solo cinquantanove punti. All'atto conclusivo ci aspettano i padroni di casa della Serbia. E io, che disputerò la mia prima finale da titolare con la maglia del Brasile, intravedo l'occasione per mettere finalmente a tacere i fischi del pubblico di Rio.

Nei giorni precedenti all'incontro, mi sento molto bene ma il mio approccio con la Stark Arena non è dei più facili. È un impianto gigantesco – ventimila posti – e il pubblico di casa lo renderà una bolgia infernale. I primi allenamenti non sono dei migliori.

«Bruno, la palla è imprecisa» mi sottolinea un compagno.

«Ok, riprovo» rispondo.

«È alta» mi urla un altro.

«Di nuovo» dico io sempre più nervoso.

«Ora è troppo lenta» osserva il terzo schiacciatore.

«La palla cambia direzione» devo ammettere. «Non capisco che cosa succede...»

Questa incertezza inaspettata mi rende teso e impreciso, non "sento la palla". La mia sicurezza resta Leandro Vissotto. Nei momenti più complicati, quando il punto è decisivo o quando non sono sicuro di riuscire a dare una palla precisa, è lui la mia soluzione preferita. Vissotto è la mia ancora e a lui mi aggrappo.

Come prevedibile, il giorno della finale c'è un frastuono incredibile. Nel palazzetto non ci entra più neanche uno spillo: ventimila persone spingono la Serbia. Di tifosi brasiliani non ne scorgo neanche uno. Il palasport è un'arena di gladiatori dati in pasto a un pubblico assatanato. Mi ci vuole poco per rendermi conto che in campo non si sente nulla. Fatico a comunicare persino con il compagno più vicino. Oltre a tutto questo, dobbiamo fare i conti anche con i guardalinee, che spesso diventano protagonisti di chiamate... quantomeno dubbie.

Perdiamo il primo set, vinciamo il secondo e il terzo, il quarto è molto combattuto, con la Serbia che cavalca la grande partita di Miljković. Nel finale di parziale gli animi si accendono. Sul 21-21 Murilo ferma proprio Miljković con un muro preciso che ricade sul braccio del bomber serbo. Gli arbitri non vedono il tocco e danno la palla fuori. In campo ci disperiamo, tutti urlano, mio padre protesta animatamente. A quel punto l'arbitro scende dal seggiolone e si dirige verso il tavolo che sta dietro i segnapunti.

«Che cosa fa?» mi chiede Vissotto.

«Non ne ho idea» ammetto io.

All'epoca il video check non esiste, ma l'arbitro non sembra curarsene. Parlotta per qualche istante con le persone sedute a quel tavolo, poi torna in postazione... E cambia la sua decisione. Punto al Brasile. Gli deve essere stato comunicato che il tocco di Miljković dopo il muro è evidente: di fatto, viene utilizzata la prova televisiva senza che questa sia prevista dal regolamento. Inutile dire che alla Stark Arena non la prendono bene. La reazione del pubblico è fuori controllo: in campo arrivano insulti, ma anche monete e accendini. La gara riprende dopo un po', con i tifosi sugli spalti che intonano l'inno di guerra. In quel caos, ci deconcentriamo e la Serbia ne approfitta per allungare la finale al tie-break.

L'inerzia a inizio quinto set è tutta per la squadra di casa che, al cambio di campo, conduce 8-5. Riusciamo a rientrare e arriviamo a giocarci tre match point. Al secondo, parto con l'idea fissa di andare sul sicuro: palla a Vissotto. Alla prima occasione lo servo con un palleggio all'indietro ma la Serbia riesce a "tenerlo" a muro, Sérgio salva il pallone e io ho una seconda occasione per alzare. Questa volta, nello sviluppo dell'azione, il palleggio per Vissotto lo posso fare persino frontalmente.

Ancora più semplice.

Sono già in posizione quando, in mezzo al casino di ventimila tifosi scatenati, sento gridare una voce che riconosco.

«A Giba, a Giba, a *Gibaaa*!»

È Murilo. In questa partita sto faticando maledettamente, ma il mio ruolo in campo mi impone di affidarmi anche a sensazioni, vibrazioni, intuizioni... Cambio in meno di un secondo la scelta e palleggio all'indietro, verso posto 4, dove c'è Giba.

La sua diagonale è un capolavoro. 15-12.

Quella di Belgrado per me è una vittoria indimenticabile. La pressione per la prima finale da titolare, un gruppo quasi completamente rinnovato, un match giocato in quel clima a dir poco ostile. Un risultato pazzesco.

Non so dire se i fischi al Maracanãzinho del 2007 siano completamente dimenticati. So per certo, però, che nella bolgia di Belgrado dimostro che non vesto questa maglia così amata per questioni di famiglia. Sono più forte dei fischi.

3
Roma mondiale

L'estate 2010 è quella che cambia la mia vita in nazionale e Dio solo sa quanto attendevo quel cambiamento.

Arrivo dal terzo campionato consecutivo vinto con il Cimed Florianópolis, il quarto nelle ultime cinque stagioni. Anno dopo anno, vittoria dopo vittoria, crescono esperienza e consapevolezza. Non ho mai cercato di essere autoritario, non è proprio nel mio dna, sono i compagni stessi che iniziano a vedermi come punto di riferimento, ed è una bella sensazione.

Il rapporto con mio padre, invece, viaggia sempre su un doppio binario, Bernardo è papà, certo, ma quando entriamo in palestra è chiaro a tutti chi deve dare l'esempio: non c'è allenamento in cui non mi faccia spingere al massimo, in cui non mi riprenda in ogni singolo esercizio... La sensazione è che, in fondo, mi tocchi un trattamento più duro degli altri. È come se mio padre volesse rimarcare costantemente il fatto che non sono il regista verdeoro per grazia ricevuta. Mi pesa la situazione, non è semplice, ma capisco che in fondo questo atteggiamento tutela entrambi.

Il 2 luglio, nel giorno del mio compleanno, il Brasile di Kaká e Robinho perde i quarti di finale del Mondiale di calcio in Sudafrica contro l'Olanda e nel mio Paese sono quattro i suicidi post-match. Tanto per dire quanto noi brasiliani consideriamo lo sport una cosa seria. In quanto a pressione, non è certo il migliore dei modi per prepararci al nostro di Mondiale, che si svolgerà all'inizio dell'autunno in Italia.

La fase finale della World League, disputata in Argentina, viene vissuta da tutte le squadre come una specie di "preparazione" all'obiettivo grosso: il titolo iridato. Più che per le partite, però, ricorderò per sempre quella World League perché per la prima volta sento scattare qualcosa dentro di me. Qualcosa che non so riconoscere e che mi accompagnerà, come una presenza strisciante e non richiesta, per tutta la vita.

Tutto comincia nel match contro i padroni di casa dell'Argentina. Il palazzetto è ovviamente una bolgia, ma io ormai ci sono abituato, non è un problema. Ancora non so dire perché, ma a un certo punto sento un momento di insicurezza totale. Non è il classico pensiero che va e poi se ne vola via, è qualcosa che resta lì, che ritorna.

Mi spavento. Stringo i denti e in qualche modo riesco a stare in campo fino alla fine: un tie-break velenosissimo. Negli spogliatoi, non riesco a partecipare alla gioia dei miei compagni. Mi butto sotto la doccia senza parlare con nessuno. Lo scroscio dell'acqua copre le voci degli altri, che diventano sempre più lontane, finché attorno a me tutto diventa silenzio. Chiudo gli occhi, ripiombo nei miei pensieri.

Che cosa è successo, Bruno?

La sera vado a dormire presto: il giorno dopo ci aspetta la Serbia. Sarà un'altra partita complicata. Eppure, non sono gli avversari a impensierirmi. È qualcosa di diverso, a cui non riesco a dare un nome, ma che si trova da qualche parte dentro di me. Fra me e me penso alla possibilità di parlarne con mio padre, ma decido di non farlo: so che potrebbe darmi qualche consiglio, ma devo essere io a risolvere la situazione, non lui. Forse sbaglio a non chiedere aiuto, ma io sono fatto così, nel bene e nel male. Mi viene molto più semplice dare una mano a chi ho davanti che farmi aiutare.

La mattina mi sveglio nervoso, dormo poco e male, poi arriva il momento della verità. Inizia il match e io mi sento strano, timoroso. È passato solo un anno dalla finale alla Stark Arena di Belgrado, contro quegli stessi giocatori che adesso si trovano dall'altra parte della rete, ma mi sembra trascorsa una vita e mezza. La verità è che ho paura. E ad avere paura non sono abituato, come non sono abituato a percepire una corrente sotterranea che mina la mia sicurezza. Come il giorno prima, comincio a pensare troppo.

Metto la palla in 4?

Riesco a spingerla in 2?

Cazzo non è precisa, è lunga...

Nei time-out mio padre è chiaro: «Bruno, più preciso, più preciso, palla veloce e gioco al centro».

Lo guardo e capisco che sta cercando di spronarmi. Rispondo sicuro: «Andiamo, dài, ragazzi, che facciamo il cambio palla e ci prendiamo il set», ma in realtà ostento una sicurezza che non ho.

I miei compagni vedono che c'è qualcosa che non va, si stringono attorno a me e cercano di farmi tornare in partita. Se non funziona il palleggio, è dura portare a casa il risultato. Lo so io e lo sanno loro. Soprattutto, lo sa mio padre: capisce che non sono al top (per usare un eufemismo) e al mio posto inserisce Marlon, l'altro regista.

Mentre vado a sedermi in panchina, percepisco il suo sguardo su di me. È solo un attimo, colgo giudizio, forse insofferenza, poi lui torna a concentrarsi su ciò che accade in campo e io torno prigioniero dei miei pensieri.

Bruno, sei sicuro di essere all'altezza di questa squadra?

Rientro verso la fine del match, ma non sono lucido. Anche se vinciamo un tie-break tiratissimo (16-14!), esco dal campo a capo chino. Se riguardo oggi quelle immagini, il momento in cui mi allontano verso gli spogliatoi, mi rendo perfettamente conto del motivo per cui la tv brasiliana le ha tanto enfatizzate. I giornalisti continuano a ripetere: «Ma Bruno sta bene?», mentre sullo schermo compaio io con lo sguardo a terra, la bocca serrata, silenzioso e in disparte... Sono evidentemente frastornato.

Il giorno dopo, qualche ora prima della semifinale contro Cuba, sento la tensione iniziare a salire. Niente di strano: è normale quando si avvicina una partita importante. Eppure a poco a poco mi rendo conto che non è solo adrenalina quella che ho in corpo. L'adrenalina è spesso amica dell'atleta: fa trovare riserve di energia inaspettate, risorse imprevedibili. Oggi invece ho i muscoli tesi, i nervi tirati. Bevo, ma ho la bocca secca. Addirittura, abbasso lo sguardo e vedo le mie mani agitarsi, scosse da un leggero tremolio.

Non voglio pensarci: chiudo i pugni quasi con rabbia.

Quando inizia il match, le cose vanno ancora peggio. Non giro, non sono io. Esco presto, sostituito, ancora una volta.

Nonostante la vittoria che ci garantisce la finale, sento la responsabilità di spiegare a chi mi sta intorno che cosa sta succedendo. Alla fine della partita, raduno i miei compagni. Decido di parlare a cuore aperto, come da sempre sono abituato a fare. Non mi va di nascondermi, ma sono in difficoltà a trovare le parole giuste.

«Che succede?» mi chiede uno di loro, forse intuendo le mie paure.

«Ragazzi, sto passando un periodo difficile» comincio io, «mentalmente fatico a stare nel match, non sono quello di sempre.» Faccio una pausa e alzo lo sguardo verso i compagni che mi danno fiducia ogni giorno. Capisco che devo continuare a parlare, hanno il diritto di conoscere la verità. «Vi chiedo scusa, perché so che questo danneggia tutti.»

Il gruppo è la base di qualsiasi squadra, soprattutto nella pallavolo, dove senza un gruppo compatto non si vince mai. Anzi, nemmeno si gioca. All'interno di un team, ognuno deve fare la propria parte. E a volte c'è bisogno di mettersi a nudo e tirare fuori le proprie fragilità.

Quando il discorso finisce, per un attimo non parla nessuno. Io abbasso lo sguardo sulle mie sneaker. Il silenzio viene rotto dalla voce di Giba, il mio capitano.

Dice: «Ne uscirai presto, ne sono sicuro».

Subito dopo, i compagni si stringono a me, mi rassicurano e io quasi mi commuovo per quella dimostrazione d'affetto.

Quando stiamo per andarcene, però, mi si avvicina Théo Lopes, il secondo opposto. «Posso parlarti un secondo?» mi chiede.

Io gli faccio cenno di sì, certo che sì. Théo è un ragazzo intelligente e un amico. Lo reputo inoltre una persona equilibrata, proprio del tipo che serve avere attorno in un momento del genere.

«Bruno, ma perché hai parlato con tutti di quello che stai passando?» mi domanda a bruciapelo.

«In che senso?» replico io, un po' confuso.

Lui scuote la testa. «Così ti metti in un angolo da solo. Ora tutti sanno che cosa ti passa per la testa, sei nella condizione di essere criticabile… Non lo capisci?»

In tutta risposta, farfuglio qualcosa del tipo: «Io sono fatto così, se sono in difficoltà lo dico, non mi vergogno di essere sincero…».

Il che è vero. Ma c'è anche un altro motivo: l'ho fatto perché credo fermamente che, in una squadra, i problemi di uno sono problemi di tutti. Soprattutto quando si è parte di un gruppo straordinario come il nostro.

Ma le parole di Théo mi fanno pensare.

Perché me l'ha detto? E se avesse ragione lui? Essere così onesto è davvero cosa buona e giusta?

La finale con la Russia la seguo dalla panchina: mio padre fa giocare Marlon titolare, io entro solo per qualche scambio. Anche se è dura da mandare giù, so che è la scelta giusta. Vinciamo 3-1 e mettiamo in bacheca la quarta manifestazione internazionale tra il 2009 e il 2010. Vivo quella partita come se fossi all'interno di un sogno, in cui tutto è sottosopra. O forse di un incubo. I miei compagni esultano, sudano, come sempre danno il massimo... Ma io non riesco a essere parte della storia. Io sono da un'altra parte.

La vittoria nella World League certifica quello che la stampa continua a ripetere: siamo i favoriti per la vittoria del Mondiale. Il nostro, in effetti, è un Brasile stratosferico. Il fenomeno Murilo e Dante sono gli schiacciatori titolari, l'eterno Giba è il primo cambio (e che cambio!), Lucas, Rodrigão e Sidão i centrali, Vissotto è l'opposto, Sérgio è out per un'operazione alla schiena, ma al suo posto c'è un Mário Júnior straordinario. L'obiettivo dichiarato è vincere la terza coppa del mondo consecutiva ed eguagliare così il record raggiunto dalla "generazione di fenomeni" italiana.

Nonostante questo, le amichevoli di preparazione non vanno bene. In Germania perdiamo due match su tre, non siamo in palla, se ne accorge chiunque ci vede in campo. Siamo goffi, pesanti, ci manca fluidità di movimento e di pensiero. Io, poi, sono tra i peggiori: dopo aver perso il posto da titolare a favore di Marlon, gioco poco e male. Nel terzo e ultimo incontro disputato contro i tedeschi, Marlon avverte forti dolori allo stomaco. Entro io, e la Germania ci riserva una lezione severa. 3-0 e tutti a casa.

Cerco di mettere da parte i cattivi pensieri e decido di concentrami solo sul futuro. Ci riesco a metà: sento ancora addosso gli strascichi di quel qualcosa che mi ha colpito in Argentina, continuo a chiedermi che cosa mi sta succedendo e, soprattutto, se mai ne uscirò. Trovo una sola via per andare oltre l'insicurezza: l'allenamento. Lo faccio praticamente senza sosta, capisco che più gioco più allontano quella sensazione a cui non riesco a dare un nome. Le mie giornate sono scandite solo da sala pesi e palla, sala pesi e palla, senza fine.

A metà settembre, siamo pronti per partire per l'Italia. Destinazione Verona, la sede del nostro girone. Poco prima del volo, ci comunicano che quello di Marlon non è un semplice mal di pancia. La diagnosi è chiara e non lascia spazio a dubbi: morbo di Crohn. È una malattia subdola, bastarda, che si nasconde ed esce all'improvviso. Va curata con grande attenzione.

«Marlon verrà comunque al Mondiale con noi» dice mio padre. «Sicuramente non sarà disponibile per le prime gare. Ma la sua esperienza ci sarà molto utile lo stesso.»

Il messaggio è chiaro: «Bruno, sei l'unico palleggiatore del gruppo». Bernardo non mi chiede se mi sento pronto ad affrontare il Mondiale da solo, è certo che sia così. La cosa mi spaventa, ma allo stesso tempo mi carica da matti. Mi trovo davanti a una montagna da scalare nel momento più delicato della mia carriera.

Bruno, sei qua, adesso. Sì, sei in difficoltà, ma questa è la tua grande occasione, c'è solo una cosa da fare, metterci tutto te stesso, buttare il cuore oltre l'ostacolo, lo devi a te stesso, a chi ha creduto in te, lo devi al gruppo, lo devi al tuo Paese.

La rumba inizia con Tunisia e Spagna, vinciamo facile, poi il gioco si fa duro. Arriva il match con Cuba. È una squadra clamorosamente forte, ci sono Hernández e Leal, c'è l'astro nascente del volley mondiale, il diciassettenne León e quel mostro al centro che risponde al nome di Simón. Per ragioni politiche quella selezione sarà poi costretta a sfaldarsi, con la federazione cubana che, su pressione del governo, inizierà a porre il veto agli atleti che militano nei campionati esteri, così uno dopo l'altro saranno tutti esclusi dalla nazionale. A volte la politica riesce a rovinare ciò che di meraviglioso crea lo sport, un enorme peccato.

È un match meraviglioso quello che vede protagonisti Brasile e Cuba, due ore e ventun minuti di spettacolo puro, senza esclusione di colpi. Il primo set finisce addirittura 34-32 e alla fine i punti totali saranno 115 per ciascuna squadra. Vincono loro al tie-break, con il pubblico che ci dedica una standing ovation che ricordo bene. È proprio durante quel lungo applauso che mi rendo conto di stare ritrovando le mie certezze.

Che abbia solo bisogno di giocare, giocare e ancora giocare?

La sconfitta con Cuba è indolore, passiamo entrambi a braccetto al girone successivo. Ad Ancona ci aspettano Polonia e Bulgaria. Giochiamo alla grande con la Polonia, che battiamo 3-0. Lo stesso fa la Bulgaria. L'ultimo match si giocherà il 2 ottobre e non sarà una gara come tutte le altre.

La formula del Mondiale è quantomeno contorta, come ogni volta che di mezzo ci sono dei gironcini e non match da dentro o fuori. Sia noi sia la Bulgaria siamo già certi di passare il turno, visto che abbiamo entrambi battuto la Polonia. Ma vincere o perdere fa tutta la differenza del mondo. Il problema è che questa partita funziona al contrario: ad aspettare i vincenti (nell'ennesimo gironcino!) ci sono Cuba e Spagna, ad aspettare i perdenti Germania e Repubblica Ceca. Le differenze? Da una parte c'è una delle squadre top del mondo, l'unica con cui abbiamo perso in questo Mondiale; dall'altra ci sono due compagini buone ma di certo non irresistibili.

Il giorno prima del match, i giornalisti cominciano a ricamarci sopra. La partita diventa un evento mediatico e ovunque si sentono dialoghi di questo tipo:

«Faranno a chi ne butta giù di meno...»

«Non voglio nemmeno pensarci: siamo in un Mondiale, non avranno mica il coraggio di giocare "a perdere".»

«Vedrai invece: sarà la gara a chi perde prima.»

Insomma, il clima non è dei migliori. Nelle competizioni internazionali, le squadre dello stesso girone alloggiano nel medesimo hotel, ci si vede, si scambia qualche parola. In questa vigilia così complicata, un giocatore della squadra avversaria dice una frase chiara, con un mezzo sorriso che non lascia spazio a dubbi: «Noi di vincere non abbiamo alcuna intenzione».

È inutile girarci attorno, a volte nello sport succede di trovarsi davanti a situazioni non facili da gestire. Vincendo siamo certi di trovarci di fronte l'avversaria più forte di tutte, perdendo abbiamo la strada sicuramente più agevole. Ne parliamo tutti insieme, come si fa in famiglia. La decisione è sofferta: giochiamo e vinciamo, a Cuba e a tutto quello che verrà penseremo dopo la partita con la Bulgaria.

A togliere di mezzo un bel po' di dubbi, perché i dubbi c'erano, ci pensa il destino.

La mattina mi sveglio con oltre trentotto di febbre. E, dal momento che Marlon non è ancora in grado di giocare, continuo a essere l'unico palleggiatore in squadra. Ha senso rischiare per una gara non decisiva? No. Avrei giocato nel caso quella stessa partita fosse stata da dentro o fuori? Assolutamente sì.

La mia indisposizione cambia i piani. Le formazioni in campo dicono praticamente tutto. In regia ci va Théo, il secondo opposto, che il palleggiatore lo ha fatto solo nelle giovanili. Insieme a me, a sedere ci sono Lucas e Murilo. La Bulgaria segue a ruota: in campo c'è un solo titolare: il centrale Nikolay Nikolov. Tutte le altre stelle, da Kaziyski a Vladimir Nikolov, guardano il match dalla panchina. L'incontro si gioca in un'atmosfera surreale, con il pubblico del PalaRossini che fischia sin dai primi palloni. A un certo punto gli spettatori girano persino le spalle al campo. Non è un bello spettacolo, lo sappiamo noi e lo sanno i nostri avversari. Vincono loro 3-0 e, per fortuna, tutto succede molto in fretta. Il viso di mio padre, il cappellino di Giba quasi sugli occhi in sala stampa a fine match e le loro dichiarazioni sofferte sono la fotografia di una pagina che avremmo fatto molto volentieri a meno di scrivere.

Arriviamo così al girone con Repubblica Ceca e Germania con gli occhi del mondo addosso e una pressione come non ho mai sentito prima. Dopo la partita con la Bulgaria, dobbiamo riconquistare sul campo la fiducia di tutti gli appassionati di pallavolo. Marlon torna a referto, ma io mi riprendo dall'influenza e gioco tutto il match contro i cechi. È un'altra partita tiratissima, un altro tie-break. Rodrigão al centro mette a terra una marea di palloni e alla fine portiamo a casa una battaglia di due ore. La Germania asfalta quella stessa Repubblica Ceca 3-0, e a quel punto quello tra noi e i tedeschi diventa il match da dentro o fuori per accedere alla semifinale.

Contro Grozer e compagni abbiamo perso le amichevoli estive e mio padre è visibilmente preoccupato. Lo vedo che non è sereno, ci parla e ci carica anche individualmente, vede la nostra sicurezza e ha paura che stiamo dando un po' per scontato l'esito del match. Non è così. La serenità della squadra è figlia della consapevolezza nei nostri mezzi.

Io, nel frattempo, riesco a mettere da parte l'ansia, cerco di pensare solo al campo, e funziona. Ne parlo con Murilo, uno dei miei grandi punti di riferimento, una persona speciale, dentro e fuori dal campo.

«Mi sento finalmente me stesso» gli dico io, dopo l'allenamento che precede il match con la Germania.

«E si vede, andiamo a mille!» risponde Murilo, con quei suoi occhi che ti guardano dentro. Poi aggiunge: «Bruno, dubbi sul fatto che saresti tornato in fretta ai tuoi livelli non li aveva nessuno».

Lo ringrazio, ci diamo un cinque, è un attestato di stima importante da parte di un giocatore che ha fatto e farà la storia della nostra nazionale.

Con la Germania vinciamo in meno di un'ora e venti minuti, che nella pallavolo significa che c'è una squadra che le dà e una che le prende. Noi siamo quelli che le danno.

Dopo il match festeggiamo poco, ci guardiamo in faccia e sappiamo che ora arriva davvero il bello. Il 9 e il 10 ottobre si deciderà tutto. Da una parte Serbia contro Cuba, dall'altra noi contro l'Italia. Chi vince si gioca il titolo, chi perde si dovrà accontentare della finalina. Gli Azzurri non sono mai un cliente facile, e affrontarli in casa loro in un Mondiale è una faccenda piuttosto complicata. È una gara attesissima.

La sera della partita, il PalaLottomatica di Roma è murato, strapieno. Ci schieriamo a metà campo per gli inni nazionali. Quando tocca a quello italiano, gli undicimila spettatori del palazzetto cantano tutti insieme, ritmando le strofe con il battito delle mani. È da pelle d'oca. So che non dovrei farlo, ma non posso fare a meno di guardare le tribune.

Quanti sono e come sono carichi!

L'atmosfera mi ricorda quella di Belgrado in cui abbiamo giocato la finale di World League. Mi focalizzo su quel ricordo positivo, cerco di richiamare alla mente le sensazioni di quel giorno e di allontanare invece i brutti momenti vissuti in Argentina. Siamo concentrati, lo capisco guardando negli occhi i miei compagni: vogliamo azzannare il match.

Giochiamo un primo set tecnicamente e tatticamente perfetto, vinciamo 25-15 e diamo una prova di forza spaventosa. Anche se il secondo parziale è un po' più equilibrato, la musica non cambia: siamo decisi e implacabili. Ma in questa fase la mia partita prende una svolta imprevista. Murilo, dopo un attacco, ricade sulla mia caviglia destra. Lì per lì non sento dolore, ma bastano pochi attimi per capire che, invece, è successo un bel casino. Guardo i miei compagni, provo a fare un passo in avanti e sento una fitta partire dal piede e arrivare fino al ginocchio.

Cazzo!

Guardo mio padre scuotendo la testa. Chiedo il cambio. Entra Marlon, tornato giusto in tempo per le partite decisive. Álvaro Chamecki, il medico della nazionale, mi fascia la caviglia e mi dà degli antinfiammatori, io non me ne curo troppo: ho lo sguardo fisso su quello che succede in campo. 25-22 e vinciamo anche il secondo set.

Dopo il cambio campo, mio padre mi viene vicino. «Come va il piede?» mi chiede.

«Non lo so» rispondo io, sinceramente.

«Te la senti di provare a tornare in campo?»

È una semifinale mondiale. Che cos'altro potrei rispondere? «Sì» gli dico.

Stringo i denti, ma la verità è che non ce la faccio. Riesco a fare solo un doppio cambio, il resto della partita lo seguo dalla panchina, con la caviglia gonfia e Álvaro accanto. Guardo i miei compagni perdere il terzo set, con un'Italia che appare in crescita, ma nel quarto non c'è storia. Lasciamo gli Azzurri a 17.

Al fischio dell'arbitro scatto in piedi, nonostante il dolore, e corro in campo ad abbracciare i miei compagni. Siamo in finale, quella che può valere il terzo titolo mondiale consecutivo per il Brasile. Il primo per me.

Già, ma riuscirò a giocare?

Mancano ventiquattr'ore alla partita decisiva (dove troveremo di nuovo Cuba, che ha superato la Serbia al tie-break) e io ho la caviglia talmente gonfia che fatico persino a infilare le scarpe da gioco. Ma voglio assolutamente aiutare i miei compagni nel match più importante della mia carriera. So con chi devo parlare per provare a fare l'impossibile.

«Che cosa possiamo fare con questa caviglia, Fiapo?»

Fiapo in realtà si chiama Guilherme Tenius ed è il nostro fisioterapista. «Possiamo provare ad alternare trattamenti e ghiaccio» dice lui. «E poi ancora ghiaccio e ancora trattamenti.»

«Allora facciamolo» replico, sicuro.

«Bruno, potremmo andare avanti per tutta la notte. Anche se alla fine riuscirai a giocare, rischi di essere così stanco da non reggerti in piedi...»

Io gli sorrido: «E chi ci riesce a dormire prima di una finale del Mondiale?».

Resto con lui fino alle 4 di notte, la mattina salto l'allenamento e mi imbottisco di antidolorifici. Tento il tutto per tutto. In quelle ore frenetiche, penso solo al match. Per i miei compagni è lo stesso. Parliamo poco, ognuno cerca di affrontare la tensione in solitudine, ma una cosa la sappiamo bene: quando conta noi ci siamo, il Brasile c'è. Lo dimostriamo da dieci anni.

La sera della finalissima, quando entro al PalaLottomatica nemmeno mi avvicino al campo. Vado dritto sul lettino dell'infermeria. Sento un gran male, ma non m'importa: la testa è sull'obiettivo.

«Va' a provare con la palla» mi dice il medico, dopo aver terminato l'ultimo ciclo di trattamenti.

E io lo faccio, raggiungo i miei compagni per il classico torello pre-match. Ma non va bene. Al primo allungo, sento la caviglia pulsare. Un male cane. Sono nervoso, sudo, ho i battiti a mille. I miei compagni capiscono la situazione e non mi dicono niente. Io li lascio lì e rientro in spogliatoio. Torno dal medico e non gli do nemmeno il tempo di aprire bocca.

«Álvaro, dammi qualcosa e fammi giocare.» Indico la sua borsa dei medicinali. «Voglio la cosa più forte che c'è qua dentro.»

Mi guarda, poi fruga tra il suo armamentario. Tira fuori una confezione di analgesico, lo soppesa tra le mani. Infine dice: «Prendi questo».

Me lo sparo in bocca e lo faccio sciogliere sotto la lingua. Voglio giocare. Voglio assolutamente giocare. E voglio vincere. Iniziamo il riscaldamento, provo a fare qualche piccolo saltello.

Bene.

Uno scatto, un salto a muro, un altro scatto.

Non sento male.

A quel punto Rubinho, il vice di mio padre, mi chiama da lontano. Sta per compilare il camp 3, quello che decreta la formazione titolare.

«Bru', ci sei?»

«Ci sono, ci sono» rispondo io, abbozzando un sorriso.

E lui mi mette in formazione: sono il palleggiatore titolare della finale del Mondiale 2010. Veloce com'era arrivato, il dolore scompare dai miei pensieri. C'è, sicuramente c'è, ma non lo sento. La nostra testa ha un potere enorme, anche sul fisico. La mente umana è capace di fare cose enormi. Mi focalizzo così tanto sul match che non ricordo nemmeno più di essere infortunato. Alle 21,15 di un giorno che si preannuncia straordinario già dalla data (è il 10.10.2010), l'arbitro fischia l'inizio della partita.

Il pubblico italiano, probabilmente scottato dalla semifinale del giorno prima, si schiera con Cuba. Non importa: la formazione caraibica è clamorosamente forte, ma noi sappiamo cosa fare. Dobbiamo partire carichi e sbagliare poco, pochissimo. A parole è semplice, nei fatti meno, ma noi siamo convinti dei nostri mezzi. Vogliamo cancellare il brutto episodio con la Bulgaria ed eguagliare il record dell'Italia di Mondiali consecutivi, e vogliamo farlo in casa loro.

I giocatori cubani provano il tutto per tutto, ma non ce n'è. La partita scivola sicura nelle nostre mani. Conquistiamo 25-22 il primo set e stravinciamo il secondo 25-14. Il terzo si gioca punto a punto: sul 24-22 per noi, alzo una palla perfetta a Vissotto. E lui, come spesso accade, non perdona. Sono ottanta minuti che ci portano dritti nella storia. Il titolo mondiale è nostro.

Campioni del mondo!

Impazzisco di gioia. Gli attimi immediatamente successivi a quell'ultimissimo pallone schiacciato a terra sono incredibili. Quanti battiti fa il mio cuore in un minuto non lo so, ma in quel momento sembrano infiniti. Corro verso il seggiolone dell'arbitro e, nella foga, rischio di ribaltarlo. Lui è costretto ad abbracciarmi per non cadere giù. Sono fuori di me: canto e alzo le braccia verso la *torcida brasileira*, i nostri grandi tifosi.

Solo più tardi, quando con la tuta e una maglietta pulita addosso salgo sul podio insieme ai miei compagni di squadra, mi rendo conto davvero di quello che è successo: ho vinto un Mondiale, da titolare, senza avere un sostituto di ruolo per la gran parte del torneo. Alzo gli occhi verso le bandiere delle squadre finaliste che vengono issate, vengo inondato di coriandoli verdeoro. A fine festeggiamenti tiro le somme di un Mondiale incredibile e mi tornano in mente tutte le mie insicurezze. La crisi in Argentina, il discorso ai miei compagni negli spogliatoi, le partite vissute dalla panchina, i dubbi patiti all'inizio del torneo. Ripenso all'ansia che mi attanagliava e che ho allontanato concentrandomi sul lavoro.

Questa volta ho corso più forte di lei.

Saprò farlo di nuovo?

4
Modena, quaranta giorni per dirti ti amo

L'amore arriva quando meno te lo aspetti. Ti colpisce, ti apre il cuore e ti regala emozioni mai provate prima. Può succedere che ti catturi in un istante per poi entrarti nelle vene giorno dopo giorno, goccia dopo goccia. A me è successo. In soli quaranta giorni.

Dopo la vittoria del Mondiale 2010, gioco in Brasile la mia sesta stagione consecutiva con la maglia del Cimed Florianópolis. Chiudiamo la regular season al secondo posto, alle spalle del Sesi, dopo aver perso qualche gara di troppo nell'ultima parte della stagione. Le mie condizioni fisiche non sono particolarmente buone, mi sono infortunato di nuovo alla caviglia, la stessa che in Italia ha messo a rischio la mia presenza in finale al Mondiale, e rientro a pochi giorni dall'inizio dei playoff.

Nell'accoppiamento non siamo fortunati: incontriamo il Gremio Recreativo (che tutti chiamano Vôlei Futuro), arrivato settimo nella stagione regolare ma con campioni del calibro di Vissotto, Lucas, Ricardo e Camejo. Perdiamo gara-1 3-1. Se non vogliamo uscire subito, siamo costretti a vincere la successiva, in casa loro.

Nella vita di tutti noi c'è una telefonata che cambia il destino. La "mia" arriva proprio in quel momento delicato. Siamo in viaggio verso Araçatuba per gara-2, quella decisiva, quando sento squillare il cellulare. Guardo il display: è Douglas, il mio procuratore.

«Come stai, Bruno?» mi chiede per rompere il ghiaccio.

«Sono concentrato, voglio riaprire la serie» rispondo deciso.

«So che non è il momento migliore» replica lui, «ma volevo sottoporti una proposta che mi è arrivata in questi giorni...»

«No, infatti. Non mi sembra proprio il momento migliore.» Non ho voglia di pensare ad altro che non sia la partita e cerco di chiudere in fretta il discorso.

«Lo so, hai ragione...» Douglas tentenna, ma non sembra intenzionato a mollare. «Ma sappi che in Italia c'è una squadra che ha chiesto di te per giocare i playoff...»

«In Italia?» domando stupito.

«È Modena. Esko, il loro palleggiatore, si è fatto male e hanno pochi giorni per trovare un sostituto.»

Il mio procuratore è consapevole della grande occasione che mi si prospetta – il campionato italiano di pallavolo è uno dei più prestigiosi e competitivi del mondo – e quindi decide di spiegarmi la situazione. Modena non vuole ritrovarsi ai playoff che inizieranno di lì a breve con un unico palleggiatore e sta sondando il mercato alla ricerca di un regista. A quanto pare, i nomi in lizza sono due: oltre alla mia, tengono monitorata la situazione di Rodriguiño. Anche lui è impegnato nei quarti del campionato brasiliano (con il Montes Claros) e anche lui rischia l'eliminazione.

«Non importa» rispondo io, deciso. «Adesso non voglio pensare a niente che non sia la partita.» Lascio cadere il discorso e chiudo la conversazione.

Il giorno dopo scendiamo in campo contro Vôlei Futuro, ma le cose non vanno come speravamo. La nostra sconfitta è netta, la mia caviglia non ancora al meglio. Insomma, la mia stagione in Brasile è al capolinea: per la prima volta da quando gioco a Florianópolis non arrivo in finale.

A quel punto Douglas torna alla carica. «Bruno, abbiamo poche ore per decidere» mi dice in una nuova telefonata. «Hai pensato alla possibilità di trasferirti a Modena?»

La richiesta è perentoria. I tempi sono stretti. Il club deve tesserare il nuovo giocatore entro l'ultima partita di regular season in Italia, in programma la settimana successiva.

«Ho bisogno di pensarci» rispondo.

«Non c'è tempo. Domani serve una risposta. O sì o no.» E la telefonata si chiude così, lasciandomi in compagnia di un dubbio che devo sciogliere in ventiquattr'ore.

Ho un altro anno di contratto con il Cimed Florianópolis. So che il club mi permetterebbe di trasferirmi per un mese o due a Modena, purché gli assicuri di essere regolarmente in Brasile dopo l'estate, in tempo per l'inizio della stagione 2011-2012. Da questo punto di vista l'operazione è fattibile: sono io che non so scegliere.

Decido di confrontarmi con Marcos Pacheco, il mio allenatore a Florianópolis in quel momento. Mi conosce bene, è un uomo schietto, anche troppo, può essermi sicuramente d'aiuto.

Il suo giudizio è lapidario. «Bruno, secondo me andare in Italia non è una buona idea.»

«Perché?» chiedo, un po' stupito.

«Non sei al meglio fisicamente, non hai ancora recuperato al cento per cento dal problema alla caviglia. Se sbagli in un campionato così importante, rischi di bruciarti.» Il suo più che un consiglio è una mazzata dritta nei denti. «Meglio aspettare un momento migliore.»

Ma io non ne sono convinto. È vero, non sono al meglio fisicamente, ma non è detto che un'occasione così importante possa ricapitarmi presto. Potrebbe anche non accadere mai. Decido allora di parlarne con due compagni di nazionale che in passato hanno giocato proprio a Modena. Sidão e Murilo. In campo mi affido spesso a loro: ora scelgo di farlo anche per un consiglio che può cambiarmi la vita.

Entrambi hanno giocato al PalaPanini dal 2006 al 2009, e nel 2008 hanno vinto la Challenge Cup con una rosa molto brasiliana. Con loro ci sono anche il regista Ricardo e il centrale André Heller, due figure a modo loro presenti nell'estate 2007 quando a sorpresa sono stato promosso in nazionale. Il primo escluso a sorpresa, il secondo pronto a farmi sentire il suo appoggio nei primi momenti dopo la "promozione". E poi c'è André Nascimento.

«Vai, prova. È una grande opportunità» mi dice Sidão con entusiasmo.

Ma le parole che mi sorprendono di più sono quelle di Murilo: «Chiudi gli occhi e vai tranquillo. Ti innamorerai di Modena alla prima partita e non tornerai più in Brasile. Quando verrai a casa avrai voglia di tornare ancora lì».

I pochi dubbi che mi restano dopo aver parlato con loro si sciolgono quando capisco che al PalaPanini troverò un grande allenatore: Daniele Bagnoli. È un totem del volley mondiale, l'ho conosciuto brevemente a Saquarema qualche anno prima. Ha vinto tanto, sia a Modena sia a Treviso, e ha lasciato un ottimo ricordo in tutti i miei compagni di nazionale che ha allenato, come Gustavo.

Quando il club emiliano mi chiama non ho più dubbi. «Ho deciso, sono pronto. Vengo a Modena» sono le parole con cui lo comunico al direttore sportivo, Bruno Da Re.

A meno di un anno dalla vittoria del mio primo Mondiale metto di nuovo piede in Italia, il Paese dove ho trascorso la mia infanzia e dove ho per la prima volta accarezzato un pallone da pallavolo. Chissà, forse è destino.

Mi accorgo subito di essere arrivato in un club e in una città speciali. Poche ore dopo il mio atterraggio, vengo accolto da giornalisti e fotografi che mi aspettano davanti al B&B dove alloggerò. Il giorno dopo, entro in un bar per fare colazione e lo sguardo mi cade sul giornale locale: c'è una mia fotografia e un lungo articolo nelle pagine sportive che racconta del mio arrivo. Dietro, un paio di anziani bevono il loro caffè e chiacchierano di sport. Mi metto ad ascoltarli. Capisco così che nei bar di Modena si parla di calcio, come in tutto il mondo, ma che prima, sempre, si parla di volley. Non mi è mai capitato in nessun altro posto. Qui la pallavolo è una religione.

Bagnoli non perde tempo e la sera stessa mi porta a cena. Vuole conoscermi, aiutarmi a entrare il prima possibile nella nuova realtà. Lui inizia a parlare, io ascolto. E nel frattempo ordino antipasto, primo, secondo, dolce.

Bagnoli mi guarda sbigottito. «Bruno, ma tu mangi sempre così?» mi chiede.

«No, tranquillo» rispondo sorridendo. «Sto scaricando a tavola la tensione e l'emozione di essere qui.»

Bagnoli è un personaggio incredibile. Sta lì in silenzio anche per lunghi minuti, e nel frattempo ti scruta dritto negli occhi, sembra guardarti dentro. Quando poi comincia a parlare, lo fa a voce bassa e senza togliergli quello sguardo di dosso nemmeno per un millesimo di secondo. Quella sera, mi racconta del suo progetto sportivo, ma troviamo anche il modo di parlare di quello che ci piace e non ci piace, della vita.

Il giorno dopo, entro al PalaPanini. Ritorno così nel palasport che quasi vent'anni prima è stato teatro del mio primo ricordo di un trionfo pallavolistico. Quello della Coppa Italia vinta da papà e mamma con Perugia. In ogni corridoio scopro foto storiche, incredibili: ci sono tutti i trionfi gialloblu dal 1966 a oggi. C'è la foto con Peppino Panini e i pionieri che hanno fondato il club; c'è un giovanissimo Velasco con accanto Bernardi, Cantagalli, Vullo, Lucchetta; ci sono Maurício e Van De Goor e tantissimi altri. In Brasile i club hanno una storia relativamente recente; qui, al contrario, alzo lo sguardo e ammiro gli stendardi di tutti i trofei vinti lungo mezzo secolo. Respiro la storia a pieni polmoni e comincio a pensare a cosa deve significare entrare a farne parte. Il PalaPanini non è un palasport, è un tempio.

Quando finalmente vado a conoscere i compagni, mi rendo conto che per la prima volta in carriera sono io "lo straniero". E lo sono di una squadra tanto diversa nei suoi interpreti quanto speciale nel suo stare insieme. Dennis è il campione italocubano intorno al quale è costruito il sestetto. I tre centrali sono il lunghissimo olandese Kooistra, quel casinista di Creus oltre all'italiano Piscopo, un pazzo scatenato (nel senso più affettuoso del termine). Come schiacciatori ci sono Berezko, che non parla per nulla italiano ma con il quale trovo subito un'intesa unica, il venezuelano Luis Díaz, Casoli e il giovane Kooy. Il libero è Manià, Fabroni il secondo palleggiatore e Casadei l'opposto di riserva (oltre che una persona splendida che ritroverò ancora al mio fianco).

Il 3 aprile faccio il mio esordio nel campionato italiano, al PalaPanini. È l'ultima giornata di regular season e l'incontro vale poco. Ci giochiamo con Monza il quarto e il quinto posto in classifica. Perdiamo 3-1 e chiudiamo quinti. Non cambia niente. I playoff cominciano poco dopo: sarà di nuovo Monza-Modena, al meglio delle cinque partite, e questa volta il risultato conterà tantissimo.

La serie contro i lombardi mi permette di crescere come giocatore. Dopo aver perso 3-1 la prima partita e vinto 3-0 la seconda, veniamo sconfitti al tie-break in gara-3. Uno dei momenti decisivi dell'incontro è un errore di Kooy, che tira fuori una pipe, l'attacco dalla seconda linea da parte dello schiacciatore lontano da rete. Siamo punto a punto e, invece di affidarmi alla "certezza" Dennis, provo a sorprendere Monza con una scelta più inaspettata (ma anche più complicata). Il progetto fallisce.

Nella notte, sulla strada del ritorno, ci fermiamo in un Autogrill. Bagnoli sfrutta quella sosta per confrontarsi con me. Siamo davanti al pullman, uno di fronte all'altro. Daniele ha in mano un bicchiere di vino rosso e mi chiede spiegazioni.

«La pipe di Kooy» comincia lui, con grande tranquillità. «Perché in un momento decisivo del tie-break hai scelto quell'attacco?»

«Pensavo di risultare imprevedibile» rispondo candidamente io.

I lampioni del parcheggio illuminano di arancione il suo viso. Lui scuote la testa, ma lo fa leggermente, senza foga. «Vedi, Bruno, in partite come queste, a questo punto della stagione, la tua voglia di imprevedibilità deve fare i conti con l'efficacia. Tu devi cercare la massima efficacia.»

Essere il regista di una squadra non è semplice, devi compiere scelte decisive e hai poco tempo per farlo. Nel mio ruolo è fondamentale capire chi hai di fianco e quello che può darti ognuno dei compagni nei momenti più importanti del match. Mentre parlo con Bagnoli comprendo una volta di più che quello del palleggiatore è il ruolo più difficile. Per distacco. C'è una componente cerebrale che si unisce a quella tecnica, ma non è solo questo: un regista deve soprattutto essere in grado di interpretare il momento. Dobbiamo continuamente aver presente il punteggio, gli schemi avversari, le posizioni dei compagni, le loro debolezze, il modo in cui stanno in campo. Ci sono tantissime variabili che vanno considerate in un secondo appena, a volte meno.

Ad ogni modo, io e i miei compagni impariamo la lezione. Le ultime due partite sono senza storia: doppio 3-0 e voliamo in semifinale. Dove troviamo Trento.

Il Trentino Volley è la squadra più forte del campionato e arriva alla serie contro di noi dopo aver perso soltanto una partita tra regular season e playoff. L'anno precedente ha conquistato Coppa Italia, Champions League e Mondiale per Club. La rosa è di livello assoluto: Raphael in regia, Štokr opposto, i due schiacciatori sono Kaziyski e Juantorena, al centro Birarelli e Sala, mentre i due liberi sono Colaci e Bari. Modena, al contrario, non è nel suo momento di massimo splendore: per noi il pronostico sembra chiuso. Infatti perdiamo nettamente gara-1 a Trento. Le possibilità che la serie finisca con un secco 3-0, con la nostra squadra a recitare il ruolo di vittima sacrificale, sono alte.

Bagnoli, prima dell'inizio di gara-2, cerca di trovare le parole giuste per convincerci del contrario. «Ragazzi, le possibilità di raggiungere la finale sono poche» ci dice. «Ma ci sono.»

Noi ci guardiamo perplessi, il suo ha tutta l'aria di essere il classico discorso motivazionale di chi sa di non avere chance. Invece, a mano a mano che l'allenatore ci spiega il suo pensiero cresce in noi la convinzione che il colpaccio sia possibile.

«Se nel turno in battuta di Kaziyski e Juantorena riusciamo a fare cambio palla subito, possiamo portare a casa i set.» Bagnoli è convinto, l'analisi lucida. «Non dobbiamo far entrare in striscia questi due giocatori.»

Dove non arrivano le parole di Bagnoli arriva la carica del nostro pubblico. Avevo sentito parlare del calore e del trasporto dei tifosi. In questa partita lo vivo, lo sento. Il PalaPanini è pienissimo. I dichiarati sono 4957, ma l'impatto visivo mi induce a pensare che le presenze superino ampiamente le cinquemila. La gente ci spinge, noi voliamo. Il palazzetto tutto giallo esalta una squadra coraggiosa: portiamo a casa i primi due parziali 25-21 e 25-23. I tifosi vanno in delirio quando, all'inizio del terzo set, Dennis mette Trento con le spalle al muro: va in battuta sul 2-2 e piazza sette ace, forza un errore avversario e produce due attacchi modenesi di cui uno chiuso proprio da lui. Il set lo vinciamo 25-8.

Un dominio.

In gara-3, in casa loro, falliamo qualche occasione di troppo nel primo set (che finisce 31-29 per Trento) e perdiamo di nuovo 3-0. Si torna a Modena, sempre per un match infrasettimanale. È il 5 maggio e, mentre ci cambiamo, sentiamo il palazzo che si riempie, sbuffa, ansima, sembra un toro pronto alla corrida.

Le indicazioni tattiche di Bagnoli sono semplici e precise. Con me si raccomanda di seguire una sola direttiva: «Quando ti trovi ad alzare il pallone all'interno dei tre metri puoi sbizzarrirti con la tua imprevedibilità. Se il pallone si allontana troppo dalla rete non inventare nulla. C'è Dennis, cavalca lui».

Vinciamo di nuovo, questa volta 3-1 e portiamo la serie a gara-5. Tre giorni dopo, siamo ancora a Trento. All'inizio del terzo parziale, il tabellone dice 1 set pari e Modena avanti di tre punti. In quel momento, però, vedo Dennis chinare la schiena e allungare un braccio a toccarsi la gamba. Lo fisso: la smorfia che compare sul suo viso non promette niente di buono. Poco dopo alza la mano, chiede il cambio. È uno strappo, non rientrerà più. Senza il nostro bomber perdiamo slancio e Trento, che fino a quel momento era molto tesa, si ritrova e chiude la serie.

Eliminati, ma consapevoli di aver dato tutto. Le lacrime che verso alla fine dell'incontro sono di rabbia per la sconfitta, ma anche di gioia per la consapevolezza di aver trovato un posto speciale. Ero arrivato in Italia senza tante aspettative, con ancora la delusione per i playoff brasiliani che mi rodeva dentro. A Modena capisco invece che nella vita capitano i momenti negativi, le frustrazioni, ma può anche succedere che subito dopo si spalanchino nuove esperienze entusiasmanti, che ti conquistano inaspettatamente.

In quei giorni, il club mi offre la possibilità di restare in Italia anche per la stagione successiva. L'offerta mi lusinga ma non posso accettare. Non voglio tradire gli impegni presi in Brasile, ho un altro anno di contratto con il Floripa e non intendo prendere in considerazione ipotesi diverse. Quello che succederà dopo, non lo so.

Di certo a Modena ho scoperto l'affetto dei tifosi, l'amore della gente: tutti hanno apprezzato lo spirito con cui ho affrontato la mia avventura italiana, il mio dare l'anima per la causa gialloblu. Insieme abbiamo messo in piedi un sogno che purtroppo è restato tale (almeno per ora), ma che spettacolo è stato sognare con una tifoseria intera…

Gioco la mia prima partita in Italia il 2 aprile, l'8 maggio esco dalla semifinale playoff, l'11 maggio riparto per il Brasile. Sono solo quaranta giorni, ma intensissimi, che mi cambiano nel profondo. A Modena mi sento a casa, amato per quello che sono e per chi sono. Finalmente non sono il figlio di Bernardo, nessuno mi chiama Bruninho.

Qui sono me stesso, Bruno.

5
La cicatrice

Il 2011 è l'anno preolimpico. Questo significa che chiunque giochi in una nazionale di primo piano è impegnato per una lunghissima e logorante estate, che dura cinque mesi e finisce, sportivamente parlando, a novembre.

È un massacro, ma all'FIVB, la federazione mondiale, va bene così. Ci spremono come atleti e come persone. Giba, il nostro capitano, si procura una brutta frattura da stress alla tibia che lo farà rientrare in campo solo l'anno dopo, poco prima dell'Olimpiade di Londra. Oltre a lui, si infortunano altri due cardini della nazionale come Murilo e Dante, i due schiacciatori titolari. Siamo stanchi.

Per comprendere il grado di stress fisico e mentale a cui siamo sottoposti, basta pensare che la finale della Superlega brasiliana della stagione 2011-2012 è tra due squadre che non hanno in sestetto nessun protagonista della Seleção: vince il suo primo titolo il Sada Cruzeiro contro il Vôlei Futuro, che l'anno successivo giocherà la sua ultima stagione prima di scomparire.

Noi nazionali siamo tutti proiettati verso quello che

succederà a Londra in agosto: a differenza di altri sport di squadra, nel volley non esiste niente di più importante dell'Olimpiade. È il sogno e l'obiettivo di qualsiasi pallavolista.

La World League 2012 è il nostro rodaggio. Giochiamo match poco convincenti e dobbiamo aspettare l'esito dell'ultimissima gara dei gironi per avere la certezza di approdare alla Final Six. La Russia – una delle grandi favorite – a quella stessa fase finale non ci arriva neppure. "Basta così" devono aver pensato Muserskij e compagni, "non ci serve spingere ancora, l'obiettivo è un altro." Puntano solo sull'Olimpiade, bersaglio unico.

In questa fase, rientra in gruppo Ricardo, dopo il suo clamoroso addio alla nazionale del 2007 in seguito alla rottura con mio padre. È un regista straordinario, la sua storia e il suo enorme palmarès lo dimostrano. Per me è un grande orgoglio saperlo pronto a prendere il mio posto nel caso le cose dovessero girarmi male. Ricardo ha un carattere forte e accetta il ruolo di non titolare, lavoriamo bene insieme.

In compenso, Dante ha ancora il ginocchio malconcio e la spalla di Murilo non ha ripreso a girare a dovere. Risultato: usciamo, male, perdendo sia contro Cuba sia contro la Polonia. Ma siamo i verdeoro, ci conosciamo a memoria, e sappiamo di essere in grado di andare oltre, di superare gli acciacchi, le pressioni, le polemiche. Quando arriva l'appuntamento con la storia noi ci siamo, punto.

Ma sarà così anche questa volta?

Tutte le partite di pallavolo dell'Olimpiade si disputeranno all'Earls Court Exhibition Centre, un'arena meravigliosa che ha fatto la storia della musica mondiale e che – per l'occasione – si tramuterà in un catino per quattordicimila tifosi appassionati. Tra le dodici squadre che si contenderanno il titolo c'è l'élite della pallavolo mondiale: oltre a noi, Polonia, Italia, Stati Uniti... Ovviamente la Russia.

A guidarci in panchina c'è naturalmente mio padre. È alla sua quinta Olimpiade consecutiva da allenatore dopo quella da giocatore: come coach ha vinto due bronzi con il Brasile femminile, l'oro ad Atene 2004 con la nazionale maschile e ci ha portati all'argento quattro anni fa. Un palmarès mostruoso. Ma lui la vive così: con grinta e passione anche se negli anni ha raggiunto un maggiore equilibrio.

Di certo non è mai stato accomodante verso i giocatori nell'avvicinamento ai grandi appuntamenti. Se l'estate precedente gli allenamenti iniziavano alle 8,30 di mattina ed erano arrivati successi, l'anno dopo per non far sentire appagato il gruppo le sedute erano anticipate anche di un'ora. C'è una frase che ama ripetere alla squadra: «Ai campioni lo sconforto». La traduzione è semplice: se i giocatori accettano tutto questo e saranno in grado di sacrificarsi, allora potranno ottenere qualcosa di importante.

La squadra titolare è più o meno la stessa con cui siamo andati in Italia per il Mondiale. Io e Vissotto siamo regista e opposto, in banda ci sono Murilo e Dante, al centro Sidão e Lucas. Pronti al cambio abbiamo campioni straordinari come Giba, Ricardo e Rodrigão, che hanno già vinto l'oro ai Giochi di Atene 2004 e sono pronti a guidarci con la loro esperienza.

Rispetto al Mondiale, è tornato Sérgio (anche lui faceva parte della squadra olimpica che ha trionfato in Grecia) e per me si tratta di un fattore davvero importante: non è solo il più grande libero del mondo, è una persona con un sorriso e un'energia positiva che irradia nel gruppo, è il sole che ci scalda e ci aiuta a stare sempre, costantemente, uniti. Per me, poi, è come un fratello maggiore.

La nostra Olimpiade inizia il 29 luglio contro la Tunisia. Vinciamo il match in un'ora e ventuno minuti: un 3-0 senza storia.

Due giorni dopo l'avversario è già la Russia di Tetjuchin e Muserskij. Sono enormi, i russi, nel vero senso della parola: raramente ho visto una squadra così imponente, fanno quasi impressione quando saltano a muro e aprono le loro "ali". Ma noi non sbagliamo niente: un altro 3-0, di nuovo meno di un'ora e mezzo di gioco. È con questa partita che diciamo al mondo che noi ci siamo, e lo facciamo ad alta voce.

Al terzo match del girone, arrivano però gli Usa, la nostra bestia nera. Anche questa volta non si smentiscono. Vinciamo bene il primo set, perdiamo i successivi tre e anche il match, meritatamente. Abbiamo due giorni per guardarci negli occhi, respirare a fondo e tornare in campo: la qualificazione alla fase a eliminazione diretta non è in discussione, dal momento che passano le prime quattro squadre di entrambi i gironi, ma è molto importante arrivare il più in alto possibile per evitare incroci proibitivi già ai quarti di finale.

Facciamo il nostro dovere. Seppur faticando, portiamo a casa un ottimo 3-2 con la Serbia, oltre a un 3-0 senza storia all'ultimo incontro con la Germania. Gli Usa vincono il girone, noi arriviamo secondi.

È il momento del sorteggio per i quarti di finale: il nuovo regolamento impone infatti l'urna per tutte le squadre arrivate seconde e terze nei rispettivi gironi.

«Dài che prendiamo l'Argentina, magari prendere l'Argentina» ci diciamo tra noi nella hall dell'hotel, immaginando che sia tra tutte le nazionali quella meno attrezzata.

Ed è proprio così, giocheremo con l'Argentina. Ci guardiamo negli occhi, non servono parole, abbiamo solo voglia di battere, ancora, l'Albiceleste.

Il match si disputa l'8 agosto e siamo carichi a mille: non c'è più spazio per gli errori. Da questo momento in poi, ogni sbaglio costerà l'eliminazione.

Partiamo forte, molto forte. Tanto che quella che inizia come una partita si trasforma in fretta in un tiro al bersaglio. Ma, proprio all'inizio, vedo quello che non avrei mai voluto vedere: Leandro Vissotto con un'espressione dolorante in volto, stringe i denti, si tocca la coscia destra, prova a saltare, non ce la fa. Alza la mano e fa un cenno a mio padre, mio padre che si rivolge alla panchina e manda Wallace in campo con un gesto veloce.

Contro l'Argentina ci prendiamo vittoria e accesso

alla semifinale in meno di un'ora e venti minuti. Ma alla fine del match scopriamo che quello di Vissotto non è un semplice affaticamento. Tutt'altro. La diagnosi è strappo all'adduttore destro. La traduzione è: Olimpiade finita.

Vissotto è l'opposto con cui ho vinto il Mondiale, il giocatore che conosco e sfido da quando ho mosso i primi passi nelle categorie giovanili. Con lui ho un'intesa importante. Il suo sostituto per il resto del torneo sarà Wallace, che ha quattro anni in meno di lui e con cui non ho ancora una buona alchimia. Toccherà quindi al più giovane di tutti fare il posto 2, l'opposto, il bomber, per la restante parte dell'Olimpiade. Sarà Wallace Leandro de Souza il mio riferimento alle spalle, la bocca da fuoco da alternare a schiacciatori e centrali. Con il ko di Vissotto, perdiamo inoltre la possibilità di fare il doppio cambio palleggiatore-opposto. Una carta tattica in meno da giocarci. Uno svantaggio per noi, un vantaggio per gli altri.

La partita con l'Argentina è finita da poco quando, sul nostro stesso campo, entrano Usa e Italia. Seguiamo l'incontro con grande interesse: due giorni dopo affronteremo in semifinale la vincitrice. Il pronostico dice Usa, e lo dice con forza: da una parte ci sono i campioni olimpici in carica, dall'altra una squadra che ha passato il girone per il rotto della cuffia.

«Giocheremo per l'ennesima volta contro gli Stati Uniti.»

«Questa volta dobbiamo batterli...»

«Non sarà facile.»

«Ce la metteremo tutta...»

Questo è il chiacchiericcio tra noi giocatori mentre in campo comincia la partita.

Ma mio padre ci zittisce tutti. «Solo alla fine lo scopriremo» dice, poi si chiude nel silenzio di chi sta studiando i prossimi avversari.

Il campo, infatti, afferma una cosa diversa rispetto al pronostico. La squadra del ct Berruto sfodera una prestazione sontuosa e gli Azzurri vincono 3-0 facendo cose strepitose al servizio.

Arriviamo alla semifinale da grandissimi favoriti. Questo significa che abbiamo tutto da perdere contro una squadra che già contro gli Stati Uniti ha dimostrato di essere una temibile *underdog*. L'arma principale dell'Italia sta nella battuta a tutto braccio: non c'è nessuno che tira piano di là. Da Savani a Zaytsev, da Fei a Mastrangelo e Parodi, picchiano tutti.

Ma contro di loro abbiamo da poco vinto la semifinale del Mondiale e, come spesso accade nello sport, vincere contro lo stesso avversario un po' ti resta addosso, anche inconsciamente.

«Sappiamo come si fa» ci dice mio padre prima dell'inizio dell'incontro. «Li abbiamo già battuti e possiamo vincere di nuovo!»

Noi ci guardiamo negli occhi e tutti insieme gridiamo: «Sì!».

Il fatto è che quando sconfiggi una squadra una volta, sai che puoi farlo ancora. E ancora. E ancora.

Quel giorno, partiamo fortissimo. Con Wallace mi trovo meravigliosamente e la linea di ricezione con Sérgio, Dante e Murilo è di una forza impressionante. Non ho mai visto insieme tre ricettori così.

Vinciamo 25-21 il primo set, nel secondo prendiamo letteralmente il volo e chiudiamo 25-12, il terzo set è ancora in controllo totale: 25-21. Insomma, dopo neppure un'ora e mezzo di gioco, matura per noi il secondo 3-0 consecutivo. Sbarchiamo in finale con una prova di forza collettiva. Ma per arrivare all'obiettivo grosso servirà tutto quello che abbiamo, e anche di più.

Il nome dei nostri avversari lo conosciamo già. Poche ore prima del nostro incontro, hanno battuto la Bulgaria per 3-1. Mentre giocavamo contro l'Italia, erano sugli spalti dell'Earls Court. Erano concentrati, ci guardavano bene, ci studiavano. In finale ci toccano i più forti di tutti. Ma anche a loro toccano i più forti di tutti, lo sappiamo.

La finale è quella che tutti si aspettavano: Russia-Brasile.

È il momento più importante della mia carriera. Lo penso mentre spalanco gli occhi e mi ritrovo a fissare il soffitto della mia stanza. Sono sul mio letto, nel villaggio olimpico, e tra poche ore disputerò la finale dei Giochi. Resto per un po' lì, senza fare niente, visualizzo ciò che accadrà nella mia mente. L'Earls Court, i quattordicimila spettatori, il tifo.

Che cosa significa vedere la Auriverde, la bandiera ver-

deoro, che viene lentamente issata, in alto, sempre più in alto?

Scuoto il capo e scaccio le immagini dalla testa. Mi alzo pensando che quattro anni prima, a Pechino, ho vissuto i Giochi da attore non protagonista. Qui invece le cose sono diverse: sono il regista titolare e la pressione è tanta.

Presto attenzione a ogni minimo particolare: tutto è fatto con cura, come sempre. Prima di unirmi agli altri, però, mi chiudo in bagno per qualche minuto più del consueto. A petto nudo, con le braccia allungate sul piano di marmo, alzo la testa e pianto gli occhi sullo specchio. L'uomo che risponde al mio sguardo ha un'espressione che mi piace: sicuro, deciso, *pronto.*

Ci siamo Bruno, ci siamo. Testa e cuore, Bruno. Cabeça e coração.

Serro i pugni e distolgo lo sguardo. Poi mi infilo una maglietta e raggiungo gli altri nella hall del villaggio olimpico.

Entro in modalità "on". Da questo momento in poi, esiste solo la finale. Il mondo inizia e finisce nei nove metri per diciotto dell'Earls Court. Sono talmente concentrato che quasi non mi rendo conto di quello che succede, dalla mia camera vengo teletrasportato direttamente in campo, senza pullman, senza spogliatoi, senza compagni. Io e la partita. Nient'altro.

Il match comincia esattamente come l'ho sognato centinaia, migliaia di volte. Giochiamo con una sicurezza disarmante. La gara è a senso unico. Pochi minuti e siamo due set a zero per noi. I parziali dicono tutto: 25-19 e 25-20, non c'è margine per la Russia, stiamo volando altissimi e loro ci guardano dal basso.

Non sento il pubblico sugli spalti: non so dire se sia perché sono tutti ammutoliti di fronte a una prova di forza così evidente o se sono io che, troppo concentrato, non percepisco niente di ciò che accade intorno a me.

Il terzo set inizia con Vladimir Alekno, l'enorme coach russo, che fa la mossa della disperazione. Muserskij, un bestione di 218 infiniti centimetri di altezza, ha cambiato ruolo. Ci mettiamo un attimo prima di renderci conto che non gioca più al centro. Adesso è opposto, con Michajlov che va a fare lo schiacciatore. Il cambio tattico ci crea qualche problema, ma partiamo forte lo stesso.

«Non molliamo nulla» ci diciamo in campo. «Siamo avanti e dobbiamo restarci.»

Andiamo sul 13-10, ma non riusciamo a scappare via. È proprio Muserskij a tenerli vivi, a portarli sul 15-15. Dopo una diagonale vincente di Murilo siamo 16-15 e Alekno chiama il time-out tecnico. Quando riprende il gioco, Lucas spara un missile a un palmo dalla riga di fondo: 17-15, siamo avanti di due.

Siamo nel "flow", sentiamo l'odore del sangue. Adesso dobbiamo azzannare la preda.

Mi faccio il campo a mille, servo Murilo, loro difendono, ma Muserskij pesta la linea e commette fallo. 18-15: mancano sette punti all'oro. Sette.

«Dài ragazzi, dài che ci siamo!» urla mio padre dalla panchina.

Noi ci guardiamo e capiamo che è vero: siamo all'ultimo strappo, all'ultimo tornante. La vetta si avvicina. Lo capisce anche il coach russo, Alekno, che infatti chiama di nuovo il time-out. Vuole spezzare il ritmo del match, cercare di cambiarne l'inerzia.

Ci riesce. Quando torniamo in campo, non riusciamo a difendere l'attacco di Michajlov: 18-16, sono ancora vivi. Wallace pennella senza pietà in diagonale stretta (19-16), loro non perdonano in cambio palla (19-17). Quella del 20-17 è un'azione infinita: dopo quattro scambi che tolgono il fiato, Wallace va a contendere la palla a muro, la smanaccia a sinistra e fa valere la sua tecnica superiore. Scappiamo a +3.

Cazzo, non ci prendono più, non ci prendono più!

Non oso dirlo, ma lo penso, eccome se lo penso. Un altro scambio infinito dà il punto ai russi, ma al servizio la sparano fuori. Alekno fulmina i suoi, siamo 21-18, ma non c'è nemmeno il tempo per gioire che è subito 21-19.

Adesso ragazzi, è adesso che scappiamo, dài che scappiamo.

Invece, c'è spazio per un altro scambio di fuoco, con la palla che arriva… a chi? Sempre a Muserskij, che attacca a tutto braccio e fa un buco a terra. Io mi sbraccio, smanaccio, guardo l'arbitro. I miei compagni uguale. Lui è impassibile, ma per fortuna è d'accordo con noi: la palla è out, andiamo sul 22-19.

Mio padre mi chiama in panchina. È un classico cambio tattico: fuori io, dentro il centrale Rodrigão, per alzare il muro contro il cambio palla russo, con la speranza che il loro attacco non superi la rete. Invece passa. Sérgio, che non è un giocatore ma una piovra, tiene vivo quel pallone impossibile che s'impenna sui tre metri. Servirebbe l'alzatore, ma l'alzatore sono io e sono seduto in panchina... Perdiamo l'attimo, tergiversiamo, Murilo può solo mandare di là il pallone in palleggio. Alla fine torna indietro una palla impossibile da difendere persino per Sérgio: 22-20.

Torno in campo che sono una furia. Siamo tutti incazzati, che occasione persa...

Al servizio va ancora Tetjuchin, ha trentasette anni e una classe proporzionale all'età: immensa. Non riusciamo a chiudere, sul contrattacco ci arriva una bomba di Muserskij. Loro fanno 22-21 e Bernardo capisce che il momento è delicato. Si rivolge all'arbitro e chiama time-out. Stavolta è lui che vuole rompere il ritmo ai nostri avversari.

Di tecnico non ha niente da dirci, scambi così "pesanti" si vincono con la testa. «Ragazzi, siamo avanti noi, siamo ancora avanti noi!» comincia mio padre, e ci guarda a uno a uno. «Siamo noi a decidere il nostro destino, non loro. Siamo noi che decidiamo come finisce.» Un attimo di pausa. Poi: «E finisce che la vinciamo noi!».

Ormai è una partita a scacchi giocata a mille all'ora. Il fatto è che non riusciamo a smettere di pensare che un attimo fa eravamo avanti di tre, mentre adesso ce li abbiamo addosso. Ed è un errore: mai pensare a quello che è successo, bisogna sempre guardare avanti.

Tetjuchin serve su Dante, lui riceve male. Il pallone finisce out, è ace diretto. Cioè un gancio dritto sul muso, di quelli che fanno malissimo. 22-22.

Ancora time-out, ancora nostro, ancora con l'obiettivo di spezzare il ritmo.

Mio padre è madido di sudore, ha i nervi tesi, i muscoli tirati. «Fate le cose semplici! Fatele bene e fatele semplici, ci siamo ragazzi, siamo qui e ci siamo.»

Mentre Bernardo continua a parlare, José Francisco dos Santos, per tutti Chico, il secondo allenatore, mi prende da parte. Mi guarda fisso negli occhi e comincia a parlare fitto fitto: «Bruno, dài, è il momento di chiuderla».

Io annuisco, ma non rispondo niente: sono in totale trance agonistica. Quando torniamo in campo, non pensiamo ad altro che a vincere.

Wallace è perfetto per il 23-22, Muserskij (ancora lui, sempre lui!) non sbaglia il 23-23. Nello scambio successivo, Sérgio riceve meravigliosamente e mi permette di dare un cioccolatino a Lucas, che pianta il chiodo nei tre metri: 24-23.

Match point per noi.

Li muriamo sulla prima azione, ma Dante non riesce a difendere la stoccata successiva. Niente da fare: il primo punto del match è andato. Non ci scoraggiamo, e subito dopo Wallace tira una diagonale stretta imprendibile. Siamo di nuovo sopra: 25-24 e secondo match point.

Vado io al servizio. Non è il caso di rischiare, così batto float, come faccio sempre. Ma non abbiamo neanche il tempo di piazzarci che arriva il punto russo: 25-25.

Servono loro. Murilo la tiene col petto, io decido di dargli fiducia e lo faccio attaccare.

Mettila giù, mettila giù.

Invece no: la tengono viva e chiudono il punto con una parallela mostruosa. Il vantaggio russo (25-26) per fortuna dura poco: primo tempo di Sidão ed è di nuovo parità. Pure i due scambi successivi finiscono in un lampo (loro scagliano una battuta in rete, facendo giustamente infuriare il coach), un punto a testa e siamo di nuovo lì: 27-27.

Poi ci vogliono quattro (quattro!) attacchi consecutivi di Muserskij per chiudere l'azione. Cambia poco: quel che conta è che sono avanti, hanno un'altra maledetta occasione per vincere un set che è diventato una battaglia. 27-28.

Per il servizio decisivo entra in campo il capitano Chtej. Come sempre, tocca a me decidere a chi dare fiducia tra i miei compagni per l'ennesima palla decisiva. Posso scegliere, ne ho il tempo: la battuta è float, la ricezione ottima.

Banda, centro, opposto. Opposto, centro, banda...

Scelgo Lucas, do un primo tempo al centro. Sono convinto che non se lo aspettano. Non è vero. Volkov salta a sangue su di lui, esce dalla rete non so quanto, lo mura. Mentre il suono del pallone che sbatte a terra rimbomba nel silenzio ansioso del palazzetto, io sento un coltello che mi si conficca in pieno petto.

Poi c'è spazio solo per l'urlo di Volkov e degli altri giocatori russi.

Il set finisce 27-29 e, in quello stesso istante, capisco che ho perso l'occasione che aspettavo da tutta la vita. Non abbiamo sfruttato due match point, siamo stati a un centimetro dalla gloria e ce la siamo lasciata sfuggire. E poco importa se la partita non è finita per niente, se, in fin dei conti, siamo ancora avanti noi due set a uno.

Seguendo i miei compagni, mi trascino dall'altra parte per il cambio campo, ma non sono davvero lì. Rivedo le facce dei miei avversari, al di là della rete, e non riesco a smettere di pensare a quello che abbiamo gettato via. Ripenso alla palla del 24-23, poi al mio servizio sul 25-24…

Insomma, rivivo tutto il set, punto per punto. Il problema è che nel frattempo l'arbitro ci ha richiamati in campo e il match è ripreso. Faccio la cosa peggiore che un giocatore possa fare: penso a quello che è successo e non a quello che sarà. Perdo la concentrazione e non riesco a ritrovarla, sento l'ansia salire, più palloni tocco e più capisco di essere in difficoltà. I russi, invece, sono leggeri. Girano bene, giocano sulle ali dell'entusiasmo. A metà set sono avanti 18-13.

Altre volte mi è capitato di uscire mentalmente

dall'incontro, ma stavolta è diverso. Lo dice la mia testa, lo dice il mio corpo, che riflette le paure.

Mio padre, nei time-out, prova a scuoterci. Ha il volto trasfigurato, sembra al quarantesimo chilometro di una maratona estenuante, anche se non si è mai mosso da lì.

«Avete tutto per farcela, ragazzi, muro e difesa, come sempre, muro e difesa e chiudiamo le freeball.»

Ma quel 27-29 è ancora lì, bloccato nel cervello. Perdo la concentrazione, penso troppo e parlo con me stesso.

Che fai, ti arrendi? Adesso? Bruno, non mollare, non durante la finale che aspetti da sempre.

Niente da fare. Continuo a entrare e uscire dalla partita: non sono focalizzato sul qui e ora e, a questi livelli, se non sei focalizzato, non vinci. A livello tecnico tutto ciò si traduce nel fatto che mi muovo sempre con un attimo di ritardo: metto la palla in due e mi accorgo che i russi hanno già letto la giocata; provo ad anticipare le palle al centro, ma testa e mani hanno velocità diverse; non sono preciso e ho la netta sensazione che la mia insicurezza mini quella di tutti gli altri intorno a me.

Perdiamo il quarto set 22-25.

«Adesso basta» sento dire attorno a me nella breve pausa prima del set decisivo. «Adesso ci rialziamo.»

Anche mio padre cerca di scuoterci. Dice che tutto è possibile, che dobbiamo solo restare in partita.

«Non sono sopra loro e non siamo sopra noi» annuisce un altro compagno. «Siamo pari, è come se si ripartisse da capo.»

Ma non è vero. Tutta la concentrazione e la trance agonistica che avevo all'inizio se n'è andata in un soffio. Ho la bocca secca e mi sento annaspare, come se avessi un peso sul petto. Mi sento schiacciato, piccolo, inadeguato.

Pronti, via, e ci troviamo subito a inseguire.

1-3, 4-7, 6-10...

Siamo pugili contati che all'otto si rialzano, ma sappiamo quello che succederà: non vinceremo noi. Ci proviamo, ma sappiamo che non ce la faremo mai. Non è più il nostro momento.

7-13, 7-14.

La Russia ha sette match point.

Gliene bastano molti meno, perdiamo il tie-break 9-15.

È difficile, quasi impossibile, scrivere che cosa si prova a perdere una finale olimpica che avevi già in pugno. Che stavi dominando. L'unica cosa certa, e lo può capire chiunque viva lo sport in modo viscerale come faccio io, è che si tratta di una cicatrice che non ti leverai mai di dosso.

Londra, 12 agosto 2012, ore 15,21, Earls Court Exhibition Centre
Russia-Brasile, finale dei Giochi Olimpici

La palla tocca terra, è finita. Rimaniamo fermi, in silenzio, nella nostra metà campo.

Al di là della rete la Russia festeggia un oro arrivato dopo essersi ritrovati a un passo dalla sconfitta; noi, invece, siamo ammutoliti, attoniti, distrutti. Guardo il pubblico, ma non sento alcun rumore. Mio padre è seduto in panchina, mani nei capelli. Alcuni miei compagni si abbracciano, c'è chi piange.

Io no, io resto immobile, pietrificato. Qualcuno cerca di consolarmi mentre rientriamo verso lo spogliatoio, non riesco a guardarlo in viso.

Sono completamente out. Mi trascino senza riuscire ad aprire bocca, nemmeno rispondo a chi mi riserva una parola gentile. Sono distrutto per la sconfitta, certo, ma non solo. La totale perdita di controllo che mi accompa-

gna dalla fine del terzo set mi ha catapultato in un buco nero.

In spogliatoio, siedo al mio posto e porto l'asciugamano al viso. Ci spingo la faccia dentro, come se quel tessuto leggero mi potesse far scomparire dal mondo. Ecco quello che vorrei fare davvero: scomparire.

Invece, subito dopo la doccia, ci vengono a chiamare.

«Vi aspettano per la premiazione.»

Già, la premiazione. Il momento in cui l'oro, se vinci, ti viene messo al collo. Ma non siamo noi ad aver vinto. Prendo l'argento come si prende qualcosa che mai vorresti ricevere, tanto meno stringerlo tra le mani. L'inno russo mi sembra durare un'eternità, e forse è vero.

Finito lo strazio, torniamo in spogliatoio. Di nuovo l'asciugamano, di nuovo la voglia di scomparire dal mondo. Poi un uomo si avvicina a me. Lo guardo senza riconoscerlo.

«Bruno, sei stato sorteggiato per l'antidoping.»

Alzo la testa, non capisco che cosa significhino quelle parole.

«Bruno...» riprende lui.

Il nostro medico me lo ripete tre volte, che devo andare a fare l'antidoping, io lo guardo e non rispondo. Solo alla quarta riesco a interpretare le sue parole. Passano altri quarantacinque interminabili minuti prima che anche quel supplizio finisca. Quando raggiungo i compagni sul pullman, mi accoglie lo stesso silenzio che ci ha accompagnato quando il pallone ha toccato terra nel campo sbagliato, il nostro.

Poi c'è la camera che diventa troppo piccola, la mia manager che mi porta fuori, l'alcol, la ragazza semisconosciuta. Sarà una notte lunghissima, di pianti e rimpianti.

Ho la piena consapevolezza che nulla sarà più come prima.

SECONDA PARTE

Katowice, 11 settembre 2022, ore 19,58, Spodek Arena

Brasile-Slovenia, finale per il terzo posto dei campionati mondiali

Il sapore unico, meravigliosamente pieno, della vittoria.

Sono i secondi eterni della gloria, quelli che vorresti durassero per sempre, quelli che poi lasciano il posto a un vuoto quasi malinconico. È una gioia enorme, profonda, ricca, una gioia che è diversa da quelle che ho provato finora.

Ho vinto tanto in carriera, ma oggi, dopo anni di lavoro su me stesso, ho vinto accettando di non essere a tutti i costi perfetto. Sono entrato in campo dalla panchina, in questa finale per il bronzo, e sempre dalla panchina sono subentrato nei quarti con l'Argentina e in semifinale con la Polonia. E allora, eccola: la gioia più grande. È la gioia della consapevolezza, della maturità, la gioia che arriva dopo aver cercato per una vita la perfezione e non essermi mai dato la possibilità di sbagliare. Fino al momento in cui ho accettato che era giusto, e anche fisiologico, poterlo fare.

Eravamo tutti consci che perdere avrebbe voluto dire rivivere l'aria irrespirabile che ci aveva soffocati lo scorso anno all'Olimpiade di Tokyo, con l'Argentina che saliva sul podio e a noi erano rimaste solo le lacrime. Volevamo a tutti i costi chiudere il cerchio nel modo giusto e lo abbiamo fatto, superando mille ostacoli.

Adesso aspettiamo solo di goderci alla grande il momento più bello, quello della premiazione. Ci chiamano per primi, poi chiamano Polonia e Italia, che hanno appena concluso il match che ha riportato gli Azzurri in cima al mondo. Da capitano, mi consegnano la medaglia per ultimo, al mio fianco c'è Renan, l'allenatore che ha preso il posto di mio padre alla guida della nazionale brasiliana, anche lui emozionato, poi il resto dei ragazzi. Siamo tutti felici e orgogliosi. Sono talmente carico che, al momento di sollevare il piatto di bronzo, lo faccio volare a terra, tra le risate e i sorrisi di tutti, avversari inclusi.

Ma quanto è bello vincere? E, soprattutto, quanto è bello vincere se accetti che sì, in effetti, è possibile anche perdere? Già, perché è qui che sta il cuore di tutto: è possibile essere felici solo se ci si dà anche la possibilità di non esserlo.

6
Il buio

Dopo l'Olimpiade, mi fermo solo due settimane, troppo poco per tornare a respirare davvero, abbastanza per capire che la ferita della finale persa, invece di cicatrizzarsi, va ingrandendosi. Le trascorro nella casa a Rio di mio padre, incapace di fare qualunque cosa che non sia ripensare al lutto di Londra. Già, perché il ko nel corso di una finale così importante, nello sport, è proprio un lutto. Non c'è un altro termine che si possa usare.

Anche Bernardo sta cercando di superare la sconfitta ma, forse grazie alla sua enorme esperienza, sembra riuscirci molto meglio di me. È il primo a rendersi conto della mia grande difficoltà: un assoluto perfezionista come lui conosce bene lo stress che comporta il non poter sbagliare mai.

«Voglio farti conoscere una persona» mi dice un giorno.

Io nemmeno gli rispondo, sono disteso sul divano e guardo il soffitto con lo sguardo perso nel vuoto.

«Bruno» mi fa, «capisco cosa stai provando, ma adesso devi sforzarti di affrontare la tua frustrazione con un approccio diverso. E questa persona può aiutarti.»

L'uomo che mio padre mi presenta si chiama Orlando Cani, ed è un signore sulla settantina che insegna yoga e una tipologia di meditazione legata alla respirazione. Il suo non è un approccio psicologico, è un tentativo di curare la cicatrice partendo dall'esterno, dal corpo, senza confrontarsi con la mia interiorità e con ciò che mi ha effettivamente fatto andare fuori giri.

Decido di provare e comincio a fare due sedute la settimana con lui. Cerchiamo insieme un modo per gestire tutta quella rabbia che mi colpisce più volte durante la giornata e mi impedisce di ragionare. Lavoriamo soprattutto sulla respirazione e, seduta dopo seduta, mi diventa chiaro il fatto che per tutta la vita ho curato poco una parte fondamentale del mio corpo e della mia anima.

A poco a poco cambio approccio. Quando mi trovo in una situazione di forte agitazione, provo per esempio a rallentare i battiti del cuore concentrandomi sull'inspirazione e sull'espirazione. In alcuni casi funziona e riesco a riprendere in mano la situazione; in tante, troppe altre occasioni, assolutamente no.

Ma, come detto, il calendario pallavolistico non conosce stop. Non ho quasi il tempo di rendermene conto che mi ritrovo già in palestra in vista dell'inizio del nuovo campionato. Dopo la meravigliosa quanto intensa esperienza di Modena, ero tornato in Brasile, al Florianópolis per la stagione 2011-2012, mentre, appena prima dell'inizio dell'Olimpiade, avevo firmato per l'RJX, una società di Rio de Janeiro appena nata ma molto ambiziosa. Mi ritrovo in una squadra composta da grandi campioni, tanti compagni che hanno affrontato con me quell'Olimpiade disastrosa: ci sono Thiago Alves, Dante, soprattutto Lucas, la mia sicurezza in attacco da una vita ormai. Ed è con loro che mi ritrovo in palestra in quei giorni in cui niente sembra girare per il verso giusto.

Le prime partite post-Londra, nonostante la pratica continua con Orlando, sono disastrose. Continuo a litigare con gli arbitri, con gli avversari, addirittura con i compagni. Mi basta pochissimo per perdere la focalizzazione sul match, spesso mi lascio andare a sceneggiate non da me. Poi, mi pento e vergogno ogni volta, e non è altro che stress che si aggiunge ad altro stress.

Il coach dell'RJX, Marcelo Fronckowiak, capisce il mio brutto momento e si confronta con me quotidianamente. Mi parla del mio ruolo, dell'esempio che devo essere per gli altri in quanto capitano. Anche con lui arriviamo presto al nocciolo di tutto.

«Una medaglia d'argento all'Olimpiade è un risultato pazzesco, qualcosa che il novantanove per cento degli sportivi si sogna la notte» mi dice. E, davanti al mio sguardo poco convinto, aggiunge: «Non puoi continuare a incolparti per una partita che avete perso. Guarda avanti, pensa a questa stagione, pensa a lavorare come hai sempre fatto, pensa che hai tutto il tempo per ottenere la tua rivincita».

Il coach mi parla e riparla, ma non c'è nulla da fare: il mio pensiero è bloccato alle 15,21 del 12 agosto 2012 all'Earls Court Exhibition Centre. L'unico momento in cui riesco a liberare la mente è la sera. Esco, sempre, e bevo, sempre. Fuggo da casa per non restare solo con i miei pensieri, e finisco sempre per ritrovarmi in un bar o a una festa. A quel punto bevo sino a quando mi sento anestetizzato, fino al momento in cui un mix di dolore e fumosa confusione mi fanno sprofondare in un torpore in cui tutto è meno forte, emozioni incluse. È l'unica soluzione che ho trovato per rendere meno intenso il ricordo che mi fa più male. Bevo sapendo che sto scappando nel modo sbagliato, ma è il rimedio più immediato.

A inizio 2013, dopo quattro mesi molto pesanti che mi hanno portato al punto più basso della mia parabola, capisco che il lavoro con Orlando non è sufficiente. Ho bisogno di andare più a fondo dentro di me per cercare di superare il momento che sto attraversando. Come atleta ho sempre pensato a lavorare sul mio fisico e sulla mia performance, sulla mia tecnica, sulla parte "esteriore" di me. Adesso è fondamentale fare uno step diverso, è il momento di lavorare sulla mia mente. Compongo il numero di Alessandra Menga, la manager che mi segue per sponsor e marketing.

«Credo di essere pronto» le dico.

«Avverto subito Giuliano» mi risponde lei. Poi, dopo un attimo di silenzio, aggiunge: «Bruno, è la decisione giusta».

È da molto tempo che Alessandra mi consiglia di fare una chiacchierata con Giuliano Milan, che non è solo suo marito ma è soprattutto uno psicologo affermato. Ma c'è un momento per tutto, e io non ero ancora pronto per affrontare le mie paure e le mie debolezze. Ora, però, so che quel momento è arrivato.

Le prime sedute sono dure, molto dure. Giuliano mi mette in contatto con un Bruno che conosco, certo, ma che non ho mai guardato davvero dritto negli occhi.

«Oggi hai pensato alla finale di Londra?»

«E cos'hai provato?»

«Poi cos'hai fatto?»

«Dopo quanto tempo ci hai ripensato?»

«E a quel punto come ti sei sentito?»

Mi fa domande serrate, una dopo l'altra, domande semplici ma sufficienti a smuovere il macigno che c'è dentro di me. Ogni seduta andiamo più a fondo; e le sedute sono continue, una volta la settimana, a volte ogni tre giorni. Ci incontriamo ovunque, Giuliano mi segue anche durante le trasferte, parliamo insieme nelle sale degli hotel.

Dopo ogni incontro sto male, parecchio male, ma so che è un passaggio necessario, mi serve a riflettere su me stesso e su ciò che sto passando. Capisco che l'ossessione da superare è quella di non essere riuscito a diventare campione olimpico. Partiamo da lì per rimodulare quelle che devono essere le mie aspettative come uomo e come atleta, cercando di spostare il mio focus sul presente e sul qui e ora, senza perdere energie preziose sul passato o sul futuro.

Da dove nasce la mia idea di perfezione? Perché non posso permettermi di sbagliare? Per quale motivo continuo a farmi del male incolpandomi per gli insuccessi? Ci sono tante domande, più di quante potessi immaginare.

Vado indietro nel tempo fino a ripercorrere il trauma della separazione dei miei genitori. Parlo con Giuliano, e torno ad avere otto anni. Gli racconto del divorzio, di quando mamma e papà si sono lasciati. Gli confido che, in quel periodo, ho pregato ogni maledetta sera per due interminabili anni, chiedendo al Signore che i miei tornassero insieme. Non facevo altro: non parlavo con nessuno di quello che stavo passando, cercavo di sorridere, di non far preoccupare chi mi voleva bene. Tentavo a tutti i costi di essere un bambino perfetto, sereno, forte. La verità è che non ero così forte. Ecco, di quei due anni parliamo tanto, e finalmente capisco che cosa hanno davvero rappresentato per me.

Ho per la prima volta il coraggio di esplicitare ciò che penso: lo dico a Giuliano per dirlo, in fondo, anche a me stesso. E sì, posso finalmente affermare che la loro separazione mi ha segnato nel profondo e che non esistono genitori perfetti, e nemmeno la vita perfetta.

La terapia di Giuliano si basa sui capitoli, ognuno dei quali è dedicato a un'emozione, e per ogni sentimento mi consegna del materiale da leggere. Partiamo dalla paura, a seguire lavoriamo su insicurezza e rabbia. Tre clienti piuttosto scomodi. Inizio a capire come il mio cervello risponde a ciascuna di queste emozioni, in quale momento della giornata spuntano fuori e, soprattutto, mi impegno per gestirle diversamente. In questo, la respirazione ha un ruolo fondamentale.

La mia parte relazionale, affettiva e non, è argomento di tante sedute. Dal momento che in quel periodo sono single, mi capita spesso di sentirmi dire da amici e conoscenti: «Bruno, come mai non sei sposato?», oppure: «Be', ma tu non puoi capire... Non hai bambini!». A furia di sentirmi ripetere frasi di questo tipo, comincio a chiedermi se c'è qualcosa che non va nel mio approccio alle relazioni durature. Il fatto è che ho sempre dato priorità alla carriera e alla vita professionale, mi sono sempre focalizzato sul lavoro, magari precludendomi di vivere relazioni più lunghe e profonde. Anche su questo aspetto Giuliano è prezioso.

«Ognuno ha i propri tempi» mi dice. «Non avere ancora trovato la persona giusta non significa che tu debba sentirti in difetto, tantomeno che devi forzarti di fare qualcosa di cui non sei del tutto convinto.»

Contestualmente, iniziamo con gli esercizi di *mindfulness*. Essere presente mentalmente in quello che faccio è infatti il primo, decisivo step per smettere di rimuginare sul passato. L'esercizio che mi propone è semplice, ma solo a parole. Molto più difficile è metterlo in pratica.

«Devi concentrarti sul tuo respiro, senza pensare a nient'altro» mi spiega Giuliano. «Conta fino a venti. Ogni volta che la tua mente si perde e comincia a inseguire un pensiero qualsiasi, devi ripartire dall'inizio. Hai capito?»

All'inizio, anche solo contare fino a venti è complicatissimo. Ma con la pratica, il tempo che sono in grado di trascorrere meditando aumenta: cinque minuti, poi quindici, venticinque, quaranta... In quei momenti, mi "stacco" dal passato e dal futuro per focalizzarmi sul flusso del respiro, sul presente. È una tecnica che comincio ad attuare anche in campo, durante gli allenamenti o le partite.

Successivamente, all'interno delle meditazioni inserisco una frase ripetuta. Si tratta di una sorta di mantra che mi dà forza, poche parole che ripeto mentalmente nei momenti di forte stress e che mi ancorano al presente: *Io sono più forte di qualsiasi ostacolo*, scandito a velocità diverse, prima rapidamente, poi lentamente, e così via... Per esempio, utilizzo spesso questo mantra quando vado in battuta. Conto, inspiro, espiro e... *Io sono più forte di qualsiasi ostacolo.*

Insomma, la linea è chiara: devo concentrarmi sull'attimo, su ciò che vivo. E in tutto ciò anche la lettura ha un ruolo fondamentale. Leggere, me ne rendo conto settimana dopo settimana, significa proprio questo: entrare in quello che c'è davanti agli occhi e non lasciare che la tua mente "scappi" avanti e indietro. È così che mi appassiono agli studi legati all'intelligenza emozionale, in particolare a quelli realizzati negli Stati Uniti, e alle biografie di atleti e allenatori legati al mondo dello sport.

Un'altra parte del nostro lavoro è sul non giudizio: ho assoluto bisogno di prendermi meno sul serio e di accettare che chi mi sta intorno può non avere le mie stesse priorità o il mio stesso carattere. Non giudicare significa lasciare spazio agli altri di esprimersi e, allo stesso tempo, accettare le diversità vivendole come una ricchezza. In poche parole, pian piano smetto di pensare di essere un Batman circondato da troppi Robin. Io non sono perfetto e ciascuno di noi è fatto a modo suo: partendo da questa prospettiva, tutto diventa più semplice e spontaneo, privo di sovrastrutture inutili.

Mi rendo davvero conto dei primi progressi quando la frustrazione per una sconfitta diminuisce e il tempo che deve trascorrere per mettere da parte un'emozione negativa passa da qualche giorno a poche ore. Mi colpevolizzo meno e accetto un po' di più l'imperfezione. Passo dopo passo, mi è possibile ripensare a un mio errore, non solo in campo, senza immaginare di aver compromesso tutta la mia vita. Dal momento che un atleta è prima di tutto una persona e che quando la persona non "funziona bene" il primo a subirne le conseguenze è proprio l'atleta, a poco a poco migliorano anche le mie prestazioni in campo. Alla fine di quella stagione, con la mia squadra vinco la Superliga brasiliana.

Di tutte le meditazioni quella che preferisco, che più mi riporta al qui e ora, è senza dubbio quella della montagna.

«Immagina una vetta alta» comincia Giuliano, «con le scarpate verdeggianti, ricca di una natura meravigliosa…»

Io ho gli occhi chiusi e, nella mente, disegno la "mia montagna": rigogliosa, rilassante, bellissima.

«Adesso avvicinati a quell'albero maestoso, ricco di fronde.»

Io lo raggiungo, e percepisco il venticello che fa frusciare le foglie, l'ombra fresca che è un toccasana per il mio corpo.

«La vedi quella panchina gialla? Perché non ti siedi e non ti fermi un po' a riposare?»

Qui parto con gli esercizi di respirazione. Poi, mentre continuo a immaginarmi su quella panchina, passiamo in rassegna alcuni aspetti della mia vita che voglio affrontare in modo diverso, oppure alcuni atteggiamenti che tengo quando sono in campo ma che non mi piacciono e che vorrei migliorare. A volte penso anche ad aspetti tecnici, come il mio servizio: immagino di battere al salto in una zona precisa del campo avversario.

«Adesso torna sulla tua panchina in cima alla mia montagna» mi dice Giuliano, quando abbiamo terminato quella fase. «Andiamo al parco giochi.»

Di fianco alla panchina, si apre un'area giochi. All'interno, ci sono i miei pensieri più scomodi. C'è la frase "non ce la farai", c'è il "non sei all'altezza", e Giuliano mi guida davanti a ognuna di queste riflessioni scomode e mi ci fa rapportare.

«Accettale, senza giudicarle.»

È questo il cuore della *mindfulness*. Molti studi hanno dimostrato che la nostra mente produce ogni giorno decine di migliaia di pensieri differenti e spesso casuali, automatici: la pratica della meditazione permette di accettare i pensieri scomodi senza perdere energie inutili per contrastarli o scappare da essi. Non è semplice, ma l'esercizio quotidiano aiuta tantissimo: a me ha permesso di superare quei mesi terribili, dopo la batosta olimpica, e mi aiuta ancora oggi giorno, dopo giorno. Sì, posso dire che la meditazione mi ha cambiato la vita.

7
Il triplete dei sogni

Il Natale 2013 lo passo, come sempre, in famiglia. Resto sino alla cena della Vigilia con mamma e nonni a Casa Branca, vicino Campinas, e la mattina di Natale prendo l'aereo e volo a Rio da mio padre. Grazie alla pratica insieme a Giuliano, le cose stanno cominciando a girare meglio, ma ho comunque la mente affollata da mille pensieri: già, perché subito dopo aver vinto il campionato 2012-2013, la mia squadra, l'RJX, viene investita da una crisi molto pesante. La società ha gravi problemi finanziari, non è chiaro nemmeno se riusciremo a finire la stagione, e io, in quei giorni di festa, continuo a chiedermi quale sarà il mio futuro.

A ottobre ho ricevuto la chiamata dello Zenit Kazan, mi hanno dato un solo giorno di tempo per decidere di trasferirmi in Russia dopo l'infortunio del loro regista, Żygadło. Ho declinato l'invito, la speranza che la crisi del mio club passi è forte, la realtà si dimostrerà molto diversa. Sento che è giusto restare in Brasile, nonostante tanti dei miei compagni decidano di andarsene altrove. Capirò poi di aver fatto la scelta giusta. Il destino come sempre gioca in anticipo, c'è un portone che mi aspetta dopo aver chiuso la porta a Kazan.

È il 23 dicembre quando ricevo una chiamata dall'Italia. Sarei falso se dicessi che me l'aspettavo, sarei ipocrita se affermassi che non mi ha fatto enorme piacere.

«Sono Catia Pedrini, la nuova presidente di Modena Volley.» La sua voce è decisa, le parole molto dirette. «A me e al direttore generale Sartoretti piacerebbe moltissimo riaverti con noi.»

Il cuore mi batte fortissimo. «... Per la prossima stagione?»

«Subito» risponde lei. «Vogliamo tornare ai vertici della pallavolo italiana ed europea, e vogliamo che tu sia il regista attorno cui costruire tutta la squadra.»

«In Brasile sto bene, ma Modena...» tentenno io. «La vostra città mi è rimasta nel cuore.»

Alla presidente Pedrini dico che ci devo pensare qualche giorno, e che ci aggiorniamo presto. Ma la verità è che dentro di me ho già deciso. È tempo di tornare in Italia. Volo a Modena e per prima cosa parlo con il regista Lukas Kampa. È anche il palleggiatore della nazionale tedesca e gli chiarisco subito che il mio intento è quello di aiutare la squadra, non sono certo venuto a fare la star che pretende il posto da titolare.

Arrivo giusto in tempo per scendere in campo l'8 gennaio 2014 per l'ultima partita del girone d'andata contro Cuneo. Il mister mi fa partire dal primo minuto.

Quando vengo accolto da un PalaPanini pieno, caloroso, un muro di maglie gialle pronto a spingere la squadra, ho la conferma dirompente di aver fatto la scelta giusta: è Modena il mio posto.

Con il coach, Angelo Lorenzetti, decido di aprirmi subito. Appena arrivato a Modena, gli parlo della finale di Londra, di quanto mi abbia segnato aver perso il controllo in quella maledetta partita.

Lorenzetti mi ascolta in silenzio, poi dice: «Capisco quello che hai passato. E proprio per questo mi permetto di dirti che quello che ti porterà all'Olimpiade di Rio 2016 deve essere un percorso. Se lo affronterai bene a quel punto avrai la tua rivincita».

«Lavoro da un anno sul buio di Londra ogni singolo giorno» rispondo prontamente. «Quindi non posso che concordare in pieno con te.»

«Sono contento di sapere che è qualcosa che stai già facendo, negli sport di squadra è difficile trovare giocatori che lavorano con i mental coach, siamo ancora molto indietro in questo» riprende Lorenzetti.

A quel punto lo interrompo. «Ma oltre che psicologico, il mio deve essere anche un percorso tecnico. Con te.»

«Io sono qui per questo, Bruno. Spero di poter essere una pedina importante nel tuo cammino.»

Capisco subito che Angelo Lorenzetti è un allenatore straordinario. Non solo vive e respira pallavolo, arricchendoti con le sue idee, ma ha anche un modo di lavorare unico, riesce a creare un'empatia e una coesione nel gruppo che è difficile trasferire a parole.

È una buona squadra quella in cui vengo chiamato

a fare il regista, ma servirebbe un fuoriclasse per compiere il salto di qualità. E proprio pensando a questo mi tornano in mente alcuni articoli che ho letto le settimane precedenti al mio arrivo. Nei quotidiani specializzati, veniva raccontata la "fuga" dalla Russia dello schiacciatore francese Earvin Ngapeth. Uno dei talenti più puri del volley mondiale era letteralmente scappato dal giorno alla notte da Kemerovo, la squadra siberiana allenata da suo padre Éric per fare ritorno in Francia. Da quel che si diceva in giro, stava cercando una nuova squadra.

Accenno la cosa ad Andrea Sartoretti e concludo dicendo: «Questo è forte forte».

«Lo so, Bruno» risponde senza battere ciglio. «E secondo me Modena sarebbe il posto giusto per lui.»

Dopo questa conversazione non ripenso più alla questione. Ho quarantotto ore libere e decido di volare a Barcellona per passare una serata al Camp Nou a fare il tifo per il mio amico fraterno Neymar, che in quella stagione gioca con i Blaugrana.

Ci siamo conosciuti nel 2010 dopo un concerto di Thiaguiño, un grande amico comune. Neymar Jr., all'epoca, aveva appena iniziato la sua carriera, giocava nel Santos e quella sera aveva incantato a San Paolo contro il Corinthians. È lì che nasce un'amicizia speciale. In lui trovo una persona semplice, umile, tranquilla, un ragazzo a cui piace scherzare. Vive la vita con il sorriso, una cosa che ho sempre cercato tra le persone che mi stanno vicino.

Ne abbiamo passate tante, ma il ricordo indelebile è ciò che abbiamo vissuto all'Olimpiade di Londra 2012. Perdiamo entrambi le rispettive finali, e il giorno del mio incontro per l'oro contro la Russia è in volo con la squadra per fare ritorno in Brasile. Ancora non c'è WhatsApp e con il Blackberry mi manda un messaggio che custodisco gelosamente: "Bruno, mi dispiace tanto per come è andata la finale, ma tra quattro anni ci riproveremo e vinceremo insieme questo oro". Una promessa che porteremo con noi a Rio 2016.

Il giorno dopo, sono all'aeroporto e sto aspettando di imbarcarmi, quando mi arriva una telefonata di Sartoretti.

«È fatta» mi dice. «Abbiamo preso Ngapeth, domani è a Modena.»

«Bel colpo!» rispondo io, felice che la società voglia rinforzare la squadra.

«Coach Lorenzetti vuole che domani tu sia al PalaPanini con lui ad aspettarlo» aggiunge. «Ce la fai?»

«Consideralo fatto.»

Il giorno successivo, il primo allenamento con Ngapeth è indimenticabile. Ci siamo noi due in campo, c'è Angelo che ci guida. E tra noi scocca immediatamente la scintilla. Anche se lui è fermo da un mese e mezzo, ha una qualità e delle giocate che mi lasciano a bocca aperta. Non ho mai visto un giocatore così. Mai. Ci sorridiamo, io e lui, ci sorride Angelo. Basta quella breve sessione a farci capire che sta nascendo qualcosa di importante.

Nel giro di pochi mesi quel ragazzone francese, matto come un cavallo, diventa un fratello. Non perde mai un'occasione per sorridere e farti divertire, è generoso, disponibile, buono come lo sono spesso le persone cresciute in un ambiente inclusivo come il suo, dove Francia e Camerun sono stati per lui allo stesso modo luoghi d'elezione e di formazione. Vive la pallavolo come la vivo io, in modo totale, quasi ossessivo, con il chiodo fisso della vittoria, e anche lui ha respirato volley fin dalla nascita, con un padre pallavolista che adesso fa il coach. Insomma, siamo diversamente uguali.

È una mezza stagione di rodaggio, quella che si conclude nella primavera del 2014, in cui impariamo a conoscerci e a giocare insieme. Usciamo in semifinale contro la Lube (allora Macerata, oggi Civitanova), ma è chiaro a tutti che Modena sta tornando protagonista.

In estate la squadra si rinforza in modo determinante. Arrivano tre nazionali italiani come Luca Vettori, Matteo Piano e Salvatore Rossini. Da Perugia Petrić è scelto per affiancare come schiacciatori Ngapeth e Kovačević (anche lui con noi dalla stagione precedente), mentre al centro il confermato Andrea Sala viene raggiunto da Pieter Verhees. È un nuovo innesto anche il mio vice, l'esperto Dante Boninfante. A dirigere l'orchestra, naturalmente, c'è Angelo Lorenzetti.

Il giorno prima della gara d'esordio di regular season, leggo sulla «Gazzetta dello Sport» un articolo in cui vengono elencate le favorite per la vittoria finale:

Modena è al quarto posto. Strappo la pagina e la porto con me agli allenamenti, dove la mostro ai miei compagni.

«Guardate qua, ragazzi» dico. «A fine anno chi ci ha messi solo al quarto posto in classifica dovrà ammettere di averci sottovalutato, e anche tanto.»

Mi fermo e li fisso a uno a uno. Quello che vedo mi piace: hanno tutti negli occhi la consapevolezza di chi sa di poter fare cose importanti. Sono il capitano di questa squadra, e mi sento addosso la responsabilità di riportare Modena alla vittoria. D'altra parte è questo che deve fare un leader: spingere tutti, dal primo all'ultimo, verso l'alto.

Così concludo: «Noi siamo qui per vincere!».

E vinciamo. Il nostro campionato comincia con una raffica spaventosa di 3-0. Dopo il 3-1 all'esordio con Perugia, ne piazziamo otto consecutivi. Siamo devastanti, sia tecnicamente sia mentalmente, e io mai come in quel periodo mi rendo conto di quanto l'allenatore possa fare la differenza.

Angelo Lorenzetti tiene in altissima considerazione l'aspetto mentale e psicologico dei suoi giocatori. Riesce a mettere insieme identità, caratteri e culture differenti, esaltando allo stesso modo la nostra unicità. Ogni settimana, manda a ciascuno di noi una email personale con un obiettivo specifico, oltre a una richiesta di feedback. Noi dobbiamo innanzitutto rispondere via email, poi approfondire con lui di persona. È un allenamento tecnico, tattico e anche cerebrale quello che ci chiede, un metodo di lavoro che non solo ci fa crescere, ma ci compatta.

In palestra, inoltre, ci stimola con molti aneddoti e storie differenti. Una delle sue frasi preferite è: «Ieri è storia, domani è un mistero ma oggi è un dono, per questo si chiama presente». La massima, divenuta celebre con il cartone animato *Kung Fu Panda*, è un modo molto diretto per ricordarci che dobbiamo essere grati per quello che facciamo.

Ma Angelo non cura solo il lato mentale, anzi. Le sessioni sono di un'intensità clamorosa. Quando siamo in campo nei sei contro sei, giochiamo come se stessimo disputando una partita ufficiale. È una lotta: ci gridiamo in faccia, litighiamo, volano urla e, a volte, anche qualche sedia... Capita persino che siano più intensi gli allenamenti delle partite stesse. È uno stile molto diverso da quello brasiliano: invece di lavorare con azioni ed esercizi ripetuti, è un continuo alzare l'asticella verso punteggi e obiettivi più alti. Per un agonista come me non esiste stimolo più grande, mi capita spesso di andare oltre e calciare qualche pallone in tribuna per poi vergognarmene. Odio perdere, da quando ho memoria devo domare il mio spirito di competizione, è una parte di me che devo cercare di controllare.

Angelo ci vede lottare e ci spinge a dare di più, sempre di più, per poi rallentare i ritmi negli ultimi due allenamenti prima della partita, in modo da arrivare al match con la carica perfetta. I risultati si vedono: quando scendiamo in campo, attuiamo una vera e propria rivoluzione del volley. Attacchiamo in modo costante la palla con soli due tocchi, cerchiamo il compagno in pipe in rigiocata, tiriamo a tutto braccio in completa libertà, anche da metà campo. Siamo belli da vedere, anche se a volte andiamo fuori giri ed esageriamo un po', con Earvin e Kovačević che tentano cose mai viste.

Angelo non molla un centimetro. «Voglio che giochiate con il sorriso, con determinazione, voglio che tiriate fuori tutto quello che avete e che rischiate» ci ripete. «Noi vinciamo solo se giochiamo così.»

È il gruppo a contare. Infatti, anche quando arriva in squadra Yuki Ishikawa, un giovane talento giapponese, l'inserimento è immediato e naturale. Già dal primo allenamento capisce come ci muoviamo, e non è un caso sia proprio lui a chiudere con una giocata di seconda un match importante come quello di Monza, il 25 gennaio 2015, dimostrando di aver già fatto sua la nostra nuova filosofia di pallavolo.

Il primo obiettivo stagionale è la Coppa Italia. La Final Four si gioca al PalaDozza di Bologna il 10 e 11 gennaio, e Modena quella coppa non la conquista da diciassette anni, un'eternità. Vincendo la semifinale al tie-break contro una grandissima Lube, ci garantiamo la possibilità di giocarci tutto all'atto conclusivo. In finale ci aspetta Trento.

Non è una squadra come le altre. È uno dei club che, negli ultimi cinque anni, rappresenta l'élite del volley internazionale: campione d'Europa per tre anni consecutivi dal 2009 al 2011, campione del mondo dal

2010 al 2014, per non parlare dei risultati in Italia... Ma quando entriamo in campo, vediamo il palazzetto dello sport con una curva completamente gialla. C'è una città intera che ci spinge, che canta, che alza sciarpe, bandiere, e noi ci crediamo.

Giochiamo un grande volley, con determinazione feroce, qualità e sorriso. Vinciamo 3-1 e riportiamo un trofeo a Modena per la prima volta dal 2008, quando è stata messa in bacheca la Challenge Cup. Festeggiamo in campo e con i tifosi, ci buttiamo tutti in mezzo allo spicchio giallo del PalaDozza. È un abbraccio collettivo, totalizzante, a cuore aperto.

In quei giorni, capisco che il lavoro con Giuliano sull'ansia e sull'eccessivo perfezionismo, che dura ormai da due anni, sta dando risultati sempre più importanti. Me ne accorgo da come mi comporto con i compagni. Finalmente non pretendo più che abbiano tutti il mio stesso approccio al volley e le stesse mie idee, riesco a non giudicare, a essere più aperto. Cerco di capire chi ho a fianco e di lasciarlo esprimere, comportandomi con ognuno in maniera diversa.

Durante una trasferta a Molfetta, per esempio, faccio una chiacchierata con Luca Vettori, un ragazzo eccezionale, molto diverso da me. Introverso, sensibile, con una vena artistica che ti confonde: lo vedi immerso nei suoi pensieri ma in realtà la sua dedizione al gioco è totale.

«Capisco che io e te siamo sulla stessa lunghezza d'onda, ma viviamo le cose in maniera del tutto differente» comincio. «Mi farebbe enorme piacere, però, che tu ti aprissi con me, che mi spiegassi come ti senti durante un allenamento. Vorrei avere con te un rapporto diretto, solo così possiamo dare tutti e due il cento per cento.»

Luca mi guarda, fa una pausa, si gira verso le vetrate del palazzetto. «Sì, Bruno, hai ragione.»

«Lo pensi davvero?»

Lui annuisce. «Credo che dobbiamo parlare di più, essere più liberi di dirci come stiamo, cosa pensiamo, cosa vogliamo, in allenamento e in partita.»

Lo penso anche io: grazie ai rapporti cristallini, senza filtri, si "funziona" meglio. È solo così che cadono le barriere e ci si mostra per ciò che si è realmente.

Terminiamo la regular season al secondo posto, a soli due punti da Trento. Interpretiamo bene anche i playoff, senza soffrire né contro Ravenna nei quarti né contro Latina in semifinale, non lasciamo per strada nemmeno un match. Arriviamo alla serie finale in fiducia: dall'altra parte della rete c'è di nuovo Trento. È una sfida complicatissima, lo sappiamo: una serie al meglio delle cinque è molto diversa da interpretare rispetto alla gara singola.

Il primo match, tiratissimo, lo perdiamo al tie-break a Trento per un presunto tocco del muro, in realtà inesistente, fischiato al mio amico e grande giocatore Nemanja Petrić. Chiediamo il video check, gli arbitri guardano e riguardano le immagini e dicono incredibilmente che il tocco c'è. Perdiamo il focus, la concentrazione e anche la partita. Gara-2 la vinciamo a Modena, per poi perdere nuovamente a Trento.

Noi diamo il massimo, ma evidentemente, quell'anno, il massimo non è abbastanza. È la serie che lancia il talento azzurro Simone Giannelli e per noi finisce nel peggiore dei modi, in gara-4, con Trento che solleva il trofeo più importante della stagione a casa nostra, al PalaPanini, davanti ai nostri tifosi. Fa male, non è certo il modo in cui avremmo voluto finire la stagione.

Eppure, in tutta quella rabbia, in tutta quella amarezza, c'è anche qualcosa di diverso: la chiara percezione che ormai siamo pronti a prenderci tutto.

La stagione 2015-2016 inizia dove era terminata quella precedente: dalla finale con Trento. Analizziamo attentamente insieme al coach ciò che ci è accaduto durante la serie, le condizioni particolari che si sono create.

«Che cosa avete provato, in quelle partite?» ci chiede Lorenzetti. «E che cosa provate adesso, ripensandoci?»

Noi non riusciamo a rispondere.

«Era odio» dice il nostro coach. «Odio sportivo, certo. Ma pur sempre odio. Vi ricordo anche come avete perso la testa per quel tocco in gara-1 fischiato a Nema.»

È vero. Dopo aver dato il nome a quel sentimento, è molto più semplice analizzare quanto la nostra rabbia abbia inciso sulla lucidità e, dunque, sull'efficienza in campo.

«Abbiamo perso perché non siamo riusciti a gestire

al meglio quell'odio. È stato questo a condizionare la serie.»

È un errore che non vogliamo ripetere.

Al posto di Kovačević, passato a Verona, arriva un altro "matto", fortissimo quanto lui, Miloš Nikić. Il resto della rosa è intatto, con una straordinaria aggiunta: Lucas, un giocatore sempre presente nei momenti importanti della mia carriera. C'era nel 2003 quando insieme ci siamo affacciati in nazionale giovanile (entrambi veniamo scartati), era con me a Roma nel 2010 quando abbiamo vinto il Mondiale, fianco a fianco abbiamo sofferto per la batosta di Londra 2012... Anche se è alla sua prima esperienza fuori dal Brasile, è un giocatore di livello straordinario che non avrà difficoltà ad ambientarsi.

Il suo innesto è determinante per la qualità della rosa e per la crescita dei giovani, certo, ma non soltanto: Lucas è il "grigliatore" ufficiale della squadra. È lui che organizza il barbecue ogni dieci giorni, ed è un modo perfetto per stare insieme, parlare, discutere, confrontarci, scherzare. In poche parole: per fare gruppo. «Ragazzi, stasera tutti da Bruno, griglio io!» è la frase ricorrente di Lucas a inizio allenamento, e non c'è volta in cui non ci si ritrovi tutti, ma proprio tutti, attorno al fuoco.

Proprio la coesione del gruppo è fondamentale per affrontare un momento complicato, a inizio novembre. Una sera, Earvin Ngapeth provoca involontariamente un incidente stradale (per fortuna senza conseguenze gravi) e si fa prendere dal panico: non presta soccorso e scappa via. Anche se poi si pente e decide di costituirsi, il danno ormai è fatto. Il main sponsor chiede che il giocatore venga sospeso, l'attenzione mediatica è molto alta. Sono giorni complicati per tutti, per Earvin in primis.

La società ci raduna in sala stampa: squadra, staff, ufficio, tutti. Dal primo all'ultimo. A prendere la parola sono la presidente Pedrini, il dg Sartoretti e Lorenzetti.

«Ngapeth ha sbagliato. È chiaro a tutti, a lui per primo» dice il nostro allenatore. «Ma in una famiglia, quando un figlio sbaglia lo si aiuta, non lo si mette nell'angolo, tantomeno lo si caccia di casa. Noi oggi siamo qui per dire che siamo una famiglia e che usciremo da questo momento più forti e uniti di prima.»

Earvin sta male, ha la faccia contrita e, quando prende la parola, non stacca gli occhi da terra. La prima cosa che fa è chiedere scusa a tutti. C'è grande silenzio e rispetto e, proprio come avviene in una famiglia, c'è l'idea chiara che i problemi si risolvono insieme, uno di fianco all'altro. Ripartiremo più forti e uniti di prima, ne siamo sicuri: è nei momenti difficili che il gruppo deve fare la differenza, perché quando si vince e tutto va bene è semplice essere uniti. Quel giorno, facciamo un ulteriore step, un altro passo avanti. È la resilienza a contare, la capacità di accettare che ci sono giorni e settimane in cui le cose si complicano, ed è proprio lì che occorre compattarsi. E noi siamo un blocco granitico.

Non manca comunque qualche momento di tensione. Durante il time-out di una partita che stiamo giocando male, per esempio, mi ritrovo a chiedere scusa ai miei compagni.

«Colpa mia, ragazzi» dico, «sto giocando male, non sono preciso e non faccio le scelte giuste.»

A quel punto vengo interrotto da Lorenzetti. Che è parecchio incazzato. «Bruno, basta» sbotta. «Se continui a prenderti tutte le colpe, non cresceremo mai! Siamo una squadra, le responsabilità sono di tutti, non solo tue, non ricondurre tutto a te!»

Capisco subito che Angelo ha ragione: il suo non è un discorso tanto diverso da molti dei nodi che affronto con Giuliano: come spesso mi accade, ho esagerato e, cercando la perfezione, ho messo involontariamente la mia figura davanti a quella dei miei compagni.

In campo ci troviamo alla grande. Proprio all'inizio della stagione c'è il primo dei tanti incroci con Trento: la Supercoppa italiana. Si gioca sabato 24 ottobre. La domenica precedente, a Sofia, la Francia di Ngapeth conquista il titolo europeo (3-0 alla Slovenia) e molti reduci di quella Final Four si ritrovano nel primo appuntamento di club del nuovo anno. Con Trento ci sono lo sloveno Urnaut (argento) e l'azzurro Giannelli (bronzo), con Modena oltre a Earvin c'è Vettori. Giochiamo due ore e ventiquattro minuti. È una maratona, con il primo set che finisce 37-35 per Trento. Alla fine vinciamo 3-2.

Chiudiamo il girone d'andata con una sola sconfitta e arriviamo a fine gennaio, quando si è prossimi ai momenti topici della stagione, carichi a palla. Il primo appuntamento da cerchiare in rosso sul calendario è la Final Four di Coppa Italia 2016, e quel weekend milanese rappresenterà il punto più alto del livello di gioco espresso della mia Modena.

In semifinale battiamo Perugia 3-1. Vettori gioca un match sottotono, Ngapeth e Petrić sono da favola. Alla sera, prima della cena in hotel a Milano chiacchiero con Earvin e gli dico che domani sarà sicuramente la giornata del "Vetto". Ho una fiducia totale nei miei compagni e sento, a pelle, gli umori di tutti.

In finale ci aspetta Trento. Sempre Trento. Lorenzetti decide di preparare tatticamente il match come non ci era mai successo prima.

«Voglio che prendiate il mio posto» dice. E davanti ai nostri sguardi confusi spiega: «Ognuno di voi deve analizzare un fondamentale dei nostri avversari».

Dopo averlo fatto, ne parliamo insieme, sottolineiamo i loro punti di forza, ricerchiamo quelli di debolezza. Alla fine decidiamo come e cosa dovremo fare, per affrontare l'incontro nel migliore dei modi.

Non so dire se sia stata questa la chiave del nostro successo, fatto sta che giochiamo un volley straordinario. Ci troviamo a memoria, vinciamo la partita in poco più di un'ora con un secco 3-0, l'ultimo set lasciamo Trento addirittura a 13. Una prova di forza. Vettori gioca un match strepitoso ed è mvp. C'è un momento particolare del match che spiega molto di quello che siamo, di quello che è la nostra squadra. Nel corso di un'azione, Ngapeth, dopo essere stato costretto a spostare Lorenzetti per evitarlo, prima di attaccare gli urla, sorridendo: «Coach, guarda dove la metto questa!». E sgancia una diagonale imprendibile.

In un punto così c'è tutta l'alchimia che nasce solamente nei gruppi speciali, c'è il lavoro di Lorenzetti, c'è la consapevolezza di quattordici atleti che sono arrivati a giocare anche i punti determinanti con totale sicurezza, senza paura.

Alla fine del match, il Forum di Milano ci tributa una standing ovation da brividi.

A quel punto Angelo ci dice: «Le vittorie vanno festeggiate come si deve».

Non ce lo facciamo ripetere. Andiamo tutti insieme al ristorante cantando a squarciagola in pullman, poi la notte la passiamo nel locale più bello di Milano. Rientriamo in hotel strisciando come marines, con il personale della hall che si piega dalle risate e qualcuno del nostro staff che scambia le poltrone per il proprio letto. Il giorno seguente, poi, decidiamo di rendere onore ai nostri colori sociali, e diventiamo tutti biondo platino. Non si può dire che siamo belli… ma sorridenti, quello sì.

Catia Pedrini, che ho imparato a conoscere come una donna con un carisma e una passione infiniti, non la prende bene, e come sempre non resta a guardare. Ce lo dice con toni che definire diretti è eufemistico: la presidente è un fiume in piena e ci fa una lavata di capo bella e buona.

Non ha tutti i torti. Quando tre giorni dopo ci ritroviamo a giocare di nuovo contro Trento, questa volta in campionato, perdiamo 3-2. In casa. Ne vengono fuori altro casino e altre polemiche. Il match a Perugia di due settimane dopo diventa così di capitale importanza, per l'ambiente e per la classifica. Mi accorgo che la squadra appare un po' in difficoltà, dunque chiedo il permesso a Lorenzetti di caricare Earvin in un modo tutto speciale.

«Proviamoci» risponde il coach.

Poco prima dell'inizio del match, prendo da parte il mio amico e gli dico: «Oggi sei tu il mio punto di riferimento, ogni palla difficile la darò a te. Devi vincerla tu questa».

Lui mi guarda e fa cenno di sì con la testa.

«Facciamo così» continuo. «Se la portiamo a casa, offro io una serata a Milano.»

Ngapeth si mette a ridere, ma come sempre non tradisce le aspettative, ed è proprio lui a decidere l'incontro con un ace. A fine gara è lì che corre da tutti continuando a ripetere: «Andiamo a Milano, ragazzi, paga Bruno!!!» tra le risate del gruppo, di Lorenzetti e dello staff.

Sono settimane molto intense quelle che seguono, sia dal punto di vista fisico sia da quello mentale. Il qui e ora è il nostro focus: ci spremiamo talmente che, pur senza dircelo, è chiaro a tutti che a fine stagione un ciclo si chiuderà. Sappiamo che c'è solo un modo per completare una stagione come quella che stiamo vivendo: vincere lo scudetto.

Questa volta Trento la affrontiamo in semifinale, ma adesso sappiamo come batterli. Chiudiamo la serie in gara-4 e lo facciamo a casa loro. In un certo senso, è la chiusura di un cerchio che si era aperto l'anno precedente. Ma non c'è tempo per rallegrarsi: tutta la nostra concentrazione va all'atto conclusivo dei playoff. Dove ci aspetta Perugia.

È difficile raccontare che cos'è il PalaPanini durante la terza gara della serie, a cui arriviamo dopo aver vinto i primi due incontri 3-0 e 3-2. Quell'8 maggio 2016 sentiamo tremare le pareti degli spogliatoi quando al fischio d'inizio mancano ancora due ore. Siamo concentrati, sappiamo di essere i più forti e sappiamo che, anche se dovessimo perdere quel match, avremmo altre due possibilità per portare a casa lo scudetto... Eppure, l'agitazione si fa sentire: nessuno parla, non vola una mosca.

A un certo punto, in quell'atmosfera rarefatta, Lorenzetti ci comunica che vuole mostrarci un filmato. Noi andiamo in sala video, le luci si spengono, e vediamo comparire sullo schermo una strana figura: un *diavolo*. Ci metto qualche istante prima di rendermi conto che si tratta del nostro scout Roberto Ciamarra travestito. Quel video è l'ultima spiazzante invenzione di coach Lorenzetti. Noi ci guardiamo l'un l'altro divertiti, e l'agitazione lascia spazio alla curiosità.

«Ecco, ragazzi» attacca Angelo. «Questo è il demone che sta dentro la nostra testa, rappresenta tutti i pensieri negativi che abbiamo, quei pensieri che a volte arrivano durante una partita. Se adesso ognuno di noi si mette a parlare con Roberto, se gli dà corda, perde un sacco di energie e con grande probabilità alla fine sarà lui ad avere l'ultima parola.»

Cominciamo a capire dove vuole arrivare il nostro allenatore, lo ascoltiamo sorridendo ma concentrati sulle sue parole.

«E qual è il modo per andare oltre i pensieri negativi? Stando insieme, parlando l'uno con l'altro. Condividendo le emozioni, possiamo vincere i demoni e restare concentrati sul qui e ora.» Una pausa. «Siete d'accordo?»

Lo siamo. E siamo pronti per scendere in campo: quando lo facciamo, il Tempio è una bolgia gialla che ci accoglie. La gara è di un'intensità pazzesca, Perugia si gioca il tutto per tutto per cercare di prolungare la serie, così arriviamo al tie-break sotto 8-3.

Angelo ci prende per mano. «Ragazzi, un punto alla volta, uno alla volta» ci dice durante il time-out. «Se la giochiamo senza paura, la vinciamo noi.»

E la vinciamo noi davvero. In un crescendo senza fine, rimontiamo e chiudiamo il set 15-13: Modena torna campione d'Italia dopo quattordici anni. Quando la battuta di Atanasijević colpisce il nastro e cade nel campo di Perugia, scoppio a piangere abbracciato a Lucas. Earvin fa lo stesso, in ginocchio, per poi venire sommerso da tutti noi. È la nostra *The Last Dance*. Quella che segue è una serata indimenticabile, insieme a tutta Modena, un abbraccio collettivo, straordinario, grande come solo Modena sa essere grande. Il giorno dopo c'è un evento sponsor al PalaPanini, ci andiamo dopo un barbecue tra di noi. La commozione prende il sopravvento, capisco che sta finendo un ciclo e come sempre, quando le cose belle finiscono, piango. *Cara Modena, quanto ti amo.*

L'anno prossimo, tornerò a giocare in Brasile, ma non è quello il momento giusto per pensarci. Una volta smaltita la gioia per lo scudetto, tutta la mia concentrazione è rivolta alla nazionale: ad attendermi, c'è la mia rivincita, l'obiettivo grosso, quello a cui coach Lorenzetti aveva promesso di prepararmi: Rio 2016, l'Olimpiade. E si gioca a casa mia.

8
Un abbraccio d'oro

Il Brasile che si presenta all'Olimpiade del 2016 nella mia Rio è una squadra uscita da un percorso travagliato. Il gruppo ha subìto un ingente ricambio generazionale, perdendo leader del calibro di Giba, Ricardo, Rodrigão, e il palmarès dell'ultimo quadriennio è impietoso per una nazionale abituata a vincere come la nostra: veniamo sconfitti in finale al Mondiale del 2014 (dalla Polonia) e alle World League del 2013 e 2014 (rispettivamente da Russia e Usa), mentre nel 2015 non ci qualifichiamo nemmeno per le semifinali. Le uniche soddisfazioni arrivano dal campionato sudamericano conquistato nel 2013 e 2015 e dalla Grand Champions Cup, sempre nel 2013.

Ci avviciniamo a Rio con l'etichetta scomoda quanto pesante di gruppo che non sa vincere. Noi siamo quelli che arrivano secondi. E arrivare secondi, nello sport, significa che non sei un vincente. "La generazione di prima conquistava l'oro, a questi manca sempre l'ultimo spunto": lo dice la stampa e lo dicono i tifosi, ci paragonano costantemente alla squadra che ha vinto tutto, soprattutto l'Olimpiade del 2004. Ci pesa, tanto.

L'antipasto del torneo olimpico sono le Final Six di World League, in programma a Cracovia un mese prima dell'inizio dei Giochi. Noi ci arriviamo di slancio, con otto vittorie e una sola sconfitta, e vogliamo sfruttare l'occasione per toglierci di dosso l'etichetta di squadra "d'argento". Per quanto riguarda me, lo stato di forma è buono, mi sento al top: ho appena terminato la stagione con Modena, quella del triplete: da un punto di vista psicologico, è la situazione ideale.

A Cracovia siamo in quindici: i due opposti sono Wallace ed Evandro; al palleggio ci siamo io e William; i due liberi sono Sérgio e Tiago Brendle; al centro, senza Sidão infortunato, abbiamo Lucas, Maurício Souza, Éder e Isac; mentre gli schiacciatori sono cinque, Maurício Borges, Felipe, Douglas, Lucarelli e Murilo. Di questi quindici, al termine delle Final Six, ne rimarranno dodici, perché solo dodici sono i posti disponibili per Rio. Insomma, dopo mesi e mesi di condivisione, tre di noi non disputeranno l'Olimpiade di casa.

I dubbi girano intorno ai nomi di due senatori del calibro di Sérgio e Murilo, due totem di questo gruppo con cui ho condiviso molto del mio vissuto in nazionale. Il primo non è al top e per tutta la World League si alterna con il secondo libero. In semifinale (vinta 3-1 contro la Francia), non gioca una delle sue migliori partite, e mio padre decide di tenerlo fuori in finale per testare l'affidabilità di Tiago Brendle nelle partite importanti. Su Murilo ci sono dubbi legati alla sua tenuta fisica dopo un'estate in cui i guai muscolari lo hanno tormentato.

Ho una certezza: qualunque sia la decisione, per me sarà un brutto colpo. Oltre a essere entrambi straordinariamente forti, sono esempi, amici, compagni di tante battaglie. Sono per distacco i due giocatori che ho osservato di più, quelli da cui mi sono abbeverato alla ricerca di spunti tecnici e mentali. Sono gli esempi che mi hanno accompagnato fino a quel momento.

Arriviamo in finale con un percorso netto ma, una volta lì, perdiamo. Ancora. Un secco 3-0 contro la Serbia, di quelli che fanno malissimo. Siamo di nuovo d'argento.

Ma non c'è nemmeno il tempo di metabolizzare il risultato negativo che arriva già il momento delle scelte. Finito il cerimoniale delle premiazioni, facciamo subito ritorno in albergo, da dove, all'alba, è programmata la partenza per il Brasile. Mio padre, insieme allo staff, decide chi di noi salvare e chi, invece, mandare via. Verso l'una, dopo aver comunicato la sua decisione ai tre diretti interessati, ci convoca tutti nella sala riunioni dell'hotel che ci ospita.

«Voglio innanzitutto ringraziare tutti voi per aver lavorato duramente per tutta l'estate» comincia mio padre con voce bassa e decisa. «Ma, come sapete, all'Olimpiade possono andare solo dodici giocatori. Al ritorno in Brasile tre di voi saranno liberi.»

A quel punto Bernardo scandisce piano i nomi degli esclusi. Isac è il primo. Éder vince la concorrenza con l'altro centrale anche grazie a una prova da protagonista nella semifinale contro la Francia. È un fedelissimo della Seleção, ma fino a quel momento non ha ancora avuto l'occasione di disputare un grande evento. È stato l'ultimo a essere tagliato alla vigilia delle Olimpiadi del 2008 e del 2012, e pure al Mondiale 2010: Éder è un lottatore che, a questo giro, viene ripagato per la sua dedizione.

Il secondo escluso è il libero Tiago Brendle. Il che significa che Sérgio è dentro. Lo guardo, gli faccio un cenno con il capo. Manca l'ultima decisione, quella più pesante, anche per Bernardo. Pochi secondi che sembrano infiniti.

«... Il terzo è Murilo.»

Lo staff ha scelto Douglas. Incrocio lo sguardo di Murilo non appena mio padre pronuncia il suo nome e fatico a credere che non sarà con me, con noi, nel momento che aspettiamo da anni. Nella stanza cala il silenzio, ed è un silenzio irreale.

«Sono deluso» riesce solo a dirmi Murilo quando lo raggiungo dopo la riunione. «Nonostante i problemi fisici, pensavo di poter essere ancora utile a questo gruppo, al nostro sogno.»

Non so cosa dire, non riesco a trovare le parole giuste. Allora faccio l'unica cosa che si fa con un amico che ha appena vissuto una delusione enorme: lo abbraccio e piangiamo insieme, a lungo. Mi chiedo perché non lo abbiamo aspettato fino al giorno prima dell'esordio e valutato le sue condizioni fisiche solo a quel punto...

Perché un top player come lui non può disputare l'Olimpiade di casa?

Sul pullman che ci conduce all'aeroporto la mattina dopo nessuno ha voglia di parlare. Oltre allo choc per i tre del gruppo che sono out, c'è la delusione per l'ennesima sconfitta in finale. È su questo che, in sala d'attesa, Wallace si confronta con me.

«Raggiungiamo sempre le finali, ma poi le perdiamo» mi dice. «Lavoriamo come matti, ma il giorno in cui dovremmo raccogliere i frutti di tutto il nostro impegno non riusciamo a fare l'ultimo passo. Non capisco perché.»

Quelli del bomber della squadra, l'opposto che è in grado con una bordata di risolvere le situazioni più complicate, sono gli stessi dubbi che fanno capolino anche nella mia testa. Ma questa volta sono in grado di dare una risposta. L'ho trovata grazie alla mia fede, in Dio e in chi mi circonda, in chi mi vuole bene. Oltre al lavoro con Giuliano, anche la fede mi ha aiutato a trovare l'equilibrio psicologico che ho costruito dopo Londra 2012.

«Il momento arriverà» rassicuro Wallace. «Sono certo che c'è qualcosa per noi. Adesso è nascosto, non lo vediamo, ma c'è. Dobbiamo credere in questo.»

È un'idea che da sempre mi accompagna. Se cerchi di fare tutto al meglio, con spirito e carattere, alla fine coglierai i frutti di ciò che semini. È questo che fa la differenza quando la palla prende il nastro e cade di qua o di là dalla rete.

Mentre aspettiamo il nostro volo, analizzo il momento anche insieme a Sérgio. Su una cosa non abbiamo dubbi: il gruppo ha bisogno di staccare la spina. È il 18 luglio, e tra esattamente diciannove giorni, il 7 agosto, è in calendario il nostro esordio all'Olimpiade. A partire da questo momento non si può più sbagliare nulla, testa e nervi avranno un ruolo determinante. Il programma prevede di riprendere subito il lavoro a Saquarema, dove si trova il centro sportivo verdeoro, per una settimana per poi andare direttamente al villaggio olimpico .

«C'è bisogno d'aria» mi dice Sérgio, e io sono d'accordo.

Prima di imbarcarci, proviamo a parlarne con mio padre. Vogliamo convincerlo a regalare una piccola concessione alla squadra. Sappiamo che sarà molto difficile che accolga le nostre richieste, perché Bernardo crede fortemente, ostinatamente, nella politica del lavoro, soprattutto alla vigilia di un appuntamento così importante, ma non ci diamo per vinti.

«Non vogliamo sottovalutare l'impegno che ci aspetta, tutt'altro» gli diciamo. «Ma questo gruppo, in questo momento, ha bisogno di una pausa. Ti chiediamo solo due giorni per ricaricare la testa in vista dell'Olimpiade.»

«E secondo voi è quello che serve in questo momento?» ci risponde lui, impassibile.

«Fidati di noi.»

La sua espressione è ferma, seria, la sua testa è già

interamente proiettata ai Giochi. Ci soppesa con lo sguardo per qualche istante, poi dice: «Va bene, avrete cinque giorni liberi prima di ritrovarci a Saquarema e una volta in ritiro le famiglie potranno raggiungervi».

Al termine dei giorni trascorsi in compagnia degli affetti più cari, il morale è a mille e le batterie ricaricate.

Puntiamo dritti sull'Olimpiade e non c'è cosa più inebriante.

La formula del torneo olimpico prevede due gironi da sei, dove le prime quattro squadre accedono ai quarti di finale. Il nostro è un raggruppamento difficile, contro compagini ambiziose e solide come Italia, Usa e Francia. Che il nostro sarà un cammino in salita lo scopriamo subito: due giorni prima della gara d'esordio contro il Messico perdiamo Maurício Souza. Il centrale si procura uno strappo a una gamba e dovrà saltare almeno le prime tre partite, ma lo staff e mio padre decidono di aspettarlo e di non fare modifiche nella rosa.

Alle 13 del 7 agosto, il Maracanãzinho trabocca di gente, la tensione sale. Prima di Rio, ho giocato due Olimpiadi, ma mi rendo subito conto che in casa è diverso, un altro mondo. All'entrata per il riscaldamento resto senza parole: c'è una distesa verdeoro che ci spinge e si aspetta tanto da noi. Saremo in grado di accenderli? Di farli impazzire? Me lo chiedo io, ce lo chiediamo tutti.

Vinciamo le prime due partite, contro Messico e Canada, entrambe per 3-1. Nella terza, affrontiamo gli

Stati Uniti, e per loro è un incontro quasi decisivo perché nelle prime due uscite hanno raccolto solo sconfitte (Canada e Italia). Spalle al muro, gli americani giocano il match perfetto e ci battono 3-1. Quando perdiamo anche la gara successiva contro l'Italia (sempre 3-1), nella nostra testa cominciano a insinuarsi i primi dubbi. Di fatto, l'ultima partita del girone contro la Francia è uno spareggio. L'unica già sicura di un posto nei quarti è l'Italia che, con quattro vittorie e zero sconfitte, è irraggiungibile per tutti al primo posto. Il Messico, al contrario, è tagliato fuori mentre noi, Canada, Usa e Francia siamo tutti con due partite vinte e due perse. Una di queste quattro sarà eliminata.

Vivo il giorno e mezzo che ci separa da quella sfida da dentro o fuori con grande ansia, la testa va sempre dove non dovrebbe.

E se veniamo eliminati? E se dopo tre Olimpiadi in cui siamo arrivati fino in fondo, andiamo fuori prima dei quarti? E se facciamo una figuraccia proprio nell'edizione di casa?

So che, così facendo, mi faccio del male da solo, ma fatico a smettere. Allora metto in pratica gli esercizi di meditazione, parlo con Giuliano, respiro e conto...

Dài, Bruno... Uno, due, tre, quattro...

E così via, fino a cento.

Alla vigilia della partita, Sérgio prende la parola mentre noi giocatori siamo tutti riuniti negli spogliatoi.

«Ragazzi, la partita con la Francia per me non ha un domani. Per molti di voi ci sarà un'altra occasione, ma io non ce l'avrò, io mi fermo qui. Ho conosciuto la gioia dell'oro e l'amarezza dell'argento, e questa è la mia ultima recita» dice Sérgio. «In questi mesi mi avete chiesto aiuto per tante cose perché sono il giocatore più vecchio in squadra, oggi sono io che vi chiedo aiuto. È come se mi trovassi in terapia intensiva, non voglio che tutto finisca. Smettere con la nazionale senza questo oro per me è come morire.»

Le sue parole sono un pugno nello stomaco, soprattutto perché sappiamo che non è casuale la similitudine che fa: Sérgio ha visto suo figlio in quelle condizioni, ricoverato in terapia intensiva. A stento tratteniamo le lacrime. So che tocca a me, che di questa squadra sono il capitano, rispondere a nome di tutti. Così mi alzo, lo abbraccio, poi mi volto verso i compagni e, prima di parlare, cerco i loro occhi.

«Amico mio» dico con voce sicura, «quest'avventura non finirà contro la Francia.»

Quando entriamo in palestra per l'allenamento, c'è il secondo discorso inaspettato di quel giorno.

«Prima di cominciare a riscaldarvi venite tutti qua, voglio parlarvi» dice papà. «Dopo l'allenamento, verso le 19, chiamate le vostre famiglie, ceneremo insieme al Delírio Tropical.»

Il Delírio Tropical è un ristorante che si trova nel centro commerciale di fronte alla palestra dove, in quei giorni, ci alleniamo. E quella concessione da parte di un uomo tutto d'un pezzo come mio padre non ce l'aspettavamo proprio, tanto meno in un momento così delicato. Capisco che la sua idea è quella di stemperare la tensione, facendoci introiettare dentro la stessa benzina di quando, a Saquarema, ci hanno raggiunti mogli, fidanzate e figli.

L'approccio di Bernardo con questo gruppo è cambiato a partire dal 2015. In precedenza, papà trattava questa generazione di atleti come quella di prima non rendendosi conto che l'approccio non funzionava. Un giorno, da capitano, l'ho affrontato a muso duro.

«Papà, così non va» gli ho detto. «In questo gruppo ci sono personalità e caratteri diversi. Lucarelli non è Giba, non puoi pensare che la strategia dell'alta tensione che tenevi con lui, fatta di scontri e litigi, possa funzionare anche con "Luca". Serve un altro approccio.»

Per ottenere il massimo da un giocatore, devi prima di tutto capirlo e trovare la maniera migliore per valorizzarlo: è un principio che ho maturato nel tempo anche grazie al lavoro fatto su me stesso dopo il buio di Londra. Ad ogni modo, è probabilmente anche grazie al nostro confronto che è nata in mio padre l'idea di portarci a cena fuori alla vigilia della sfida decisiva del girone. La serata al ristorante passa serena, per qualche ora la tensione cala.

Il giorno seguente quando arriviamo al Maracanãzinho troviamo i francesi che guardano Italia-Canada. Dopo il successo degli Usa sul Messico, con cui è cominciata la giornata, una vittoria degli Azzurri, soprattutto se netta, potrebbe tenere in vita sia la Francia sia noi: con un tie-break ci potremmo qualificare entrambi. Faccio un cenno di saluto a Ngapeth: io e il mio grande amico, dopo aver condiviso due anni e mezzo di spogliatoio, adesso ci affronteremo in uno scontro fratricida. Poi me ne vado, convinto che seguire Italia-Canada sia tutta energia sprecata, sappiamo tutti che l'Italia non forzerà, non le dispiace certo veder fuori dal tabellone Francia o Brasile. Non dobbiamo pensare a quel risultato, il nostro focus deve essere la vittoria sulla Francia a prescindere da tutto il resto.

«Ragazzi, ci siamo» sono le prime parole di Bernardo, quando ci raggiunge negli spogliatoi. «Mi rendo conto che tutti voi state pensando alle conseguenze di una possibile eliminazione, ma io vi chiedo di concentrarvi solo su ogni punto, ogni azione, ogni scelta che effettuate in campo. Solo su questo.»

Poco prima dell'inizio della partita, ci arriva la notizia della vittoria del Canada: è tutto sulle nostre spalle. Vinciamo il primo set 25-22 e perdiamo il secondo con lo stesso punteggio, trovando poi lo spunto per allungare 25-20 nel terzo.

Al cambio campo, quando ci troviamo a un solo set di distanza dai quarti, lo speaker prende la parola: «Allo stadio Olimpico, Thiago Braz ha vinto la medaglia d'oro nel salto con l'asta con la misura di 6,03 metri».

Il palasport libera un'ovazione che scuote persino le pareti, festeggiando la vittoria del nostro connazionale. Un segno? Non lo so, di certo l'ambiente si scalda ancora di più e noi peschiamo energie che nemmeno sapevamo di avere.

Il quarto set è tirato. Vado in battuta sul 23-22 per la Francia, che si affida a Rouzier, il suo attacco finisce fuori e il loro ct chiama un video check per un tocco a muro. Che non c'è: 23 pari. Nell'azione successiva i francesi cambiano attaccante, si affidano a Kévin Tillie, ma la sua schiacciata viene contenuta e sulla rigiocata Wallace mette la palla a terra: 24-23 per noi. Siamo al match point, e sono ancora in battuta. La palla scotta, ma la butto di là. Tocca ancora a Rouzier attaccare: l'opposto gioca una diagonale profonda, verso zona-1, quella di mia competenza per la difesa. Vedo la palla passarmi sopra la spalla, non intervengo, finisce fuori: 25-23.

Andiamo ai quarti, siamo vivi. Quella con la Francia è la partita più importante della mia vita, quella che segna la mia carriera, le *sliding doors* di un'intera generazione. Avessimo perso, saremmo rimasti bollati come perdenti.

Mi inginocchio per la gioia, è un senso di totale liberazione fisica e mentale quello che provo, ed è bellissimo. Dopo l'ultimo punto, il nostro stato d'animo, e con quello anche la prospettiva con cui vediamo tutta l'Olimpiade, cambia radicalmente. Siamo usciti dalla buca in cui ci eravamo ficcati, con la consapevolezza che adesso viene il bello, che adesso tocca a noi. Ci sentiamo più forti.

Nel tragitto in pullman verso il villaggio olimpico, William, l'altro palleggiatore, mi fa una confidenza: «Io un nervosismo del genere non l'avevo mai provato, Bruno, mai. Un'ansia incredibile, credevo di soffocare».

Chiuso il girone A al quarto posto, l'ultimo utile per qualificarsi, nei quarti troviamo l'Argentina, che ha vinto l'altro raggruppamento. Ci aspetta un match tesissimo, che vive di una rivalità sportiva storica tra i nostri due Paesi.

Ci mette del suo anche la sfortuna: Lucarelli non è della partita. Durante il match contro la Francia il problema alla gamba destra con cui convive da giorni diventa ingestibile. Fin dall'inizio del torneo "Luca" gioca nonostante il dolore, ma alla fine del girone paga un conto salatissimo. La risonanza conferma una lesione muscolare. Da vero guerriero stringe i denti: il suo apporto si riduce moltissimo in termini di punti ma non per carisma. Nel quarto set, quando siamo avanti 2-1, si blocca la schiena di Felipe, costringendo Lucarelli a rientrare in campo nonostante il dolore.

Assisto al punto decisivo dalla panchina: Evandro entra al mio posto sul 24-23 in nostro favore per alzare il muro. De Cecco, il regista argentino, uno con le mani che hanno in pochissimi al mondo, gioca un attacco sul secondo tocco, ma William (entrato in seconda linea al posto di un centrale proprio per questo) riesce a difendere, la palla viene rigiocata alta per Wallace che ancora una volta decide il match. Queste vittorie hanno un marchio chiaro, indelebile: siamo una squadra, chi entra anche solo per un punto, come William in questo caso, sa di essere fondamentale. Non c'è cosa più bella di questa. Quelle di squadra sono le vittorie più belle di tutte, per distacco.

In semifinale troviamo la Russia, quella stessa Russia contro cui abbiamo subito l'umiliazione di Londra. Il loro gruppo è in parte rinnovato, anche se qualche faccia è la stessa di allora. C'è il regista Sergej Grankin, ci sono l'opposto Maxim Mikhajlov e il centrale Alexander Volkov. Soprattutto non è cambiato il commissario tecnico. A bordo campo ritrovo Vladimir Alekno. Questa volta, però, non c'è storia: abbiamo troppa fame e chiudiamo il match in tre set.

Tra noi e l'oro, adesso, c'è solo la finale. È il momento per rifarci dalle delusioni di questi anni, dei tanti, troppi secondi posti che hanno minato le nostre certezze. Sono convinto che è arrivato il nostro momento. È una convinzione forte, che non ammette repliche, frutto del lavoro che ho fatto in questi anni con Giuliano e che ho affinato anche grazie a Gilberto, lo psicologo che negli ultimi tempi ci ha seguito in nazionale.

Il 20 agosto, alla vigilia del nostro incontro, si disputa anche la finale del torneo olimpico di calcio. In campo c'è Neymar, e so che per lui conquistare l'oro è importante quanto lo è per me. Quattro anni fa, a Londra, c'eravamo tutti e due. Il mio amico ha vissuto una situazione simile alla mia, perdendo la finale 2-1 con il Messico ventiquattr'ore prima della nostra disfatta contro la Russia. Abbiamo parlato a lungo della nostra delusione, dei nostri rimpianti, e ci siamo fatti una promessa: «A Rio ci rifaremo insieme. Davanti alla nostra gente, vinceremo l'oro».

Ebbene, quel pomeriggio Neymar porta a termine la sua missione: il Brasile supera la Germania ai rigori, e quello decisivo lo realizza proprio lui. Ora tocca a me.

Quel 21 agosto 2016, punto la sveglia alle 8,30, ma alle 8 ho già gli occhi spalancati. Inutile restare nel letto, mi trascino in bagno e mi guardo allo specchio: in faccia vedo solo determinazione. Poi getto un'occhiata fuori dalla finestra, c'è il vetro rigato dalla pioggia.

Mi metto a ridere da solo, mentre mi torna in mente un ricordo dei tempi di Florianópolis. Il nostro palasport da 2500 spettatori era un po' malandato e ogni volta che pioveva gocciolava giù dal soffitto, si creavano macchie d'umidità sul terreno di gioco e, a volte, si era addirittura costretti a interrompere la partita. Inutile dire che le squadre avversarie faticavano a giocare in quelle condizioni, mentre noi eravamo ormai abituati. E così il nostro massaggiatore Kleevansostins ha coniato il detto: "Piove, allora vinciamo", e qui a Rio è proprio Kleevansostins l'uomo dalle mani d'oro della nazionale...

Quando salgo sul pullman, il primo sguardo che incrocio è il suo. È seduto nelle prime file. E cosa mi dice?

«Bruno, piove...» E ride.

In finale ci aspetta un'Italia forte, che ha spazzato via nel corso di una semifinale epica gli Usa. Zaytsev al servizio è un'iradiddio, e gli americani sono caduti sotto i suoi colpi. In avvio c'è molta tensione, sia io sia Giannelli, il regista azzurro, siamo imprecisi al palleggio nei primissimi punti.

È la conferma che l'importanza della partita si fa

sentire, ma è anche un esempio di come è cambiato il mio approccio in campo rispetto a quattro anni prima. Anziché puntarmi il dito contro e incolparmi per quegli errori, mi giro verso Giannelli, lo guardo, gli sorrido. È per entrambi la partita più importante della vita, e lo sappiamo bene, anche troppo.

Anche se il primo set gira sul 14-11 per gli Azzurri, siamo noi a vincerlo, 25-22. Nel secondo, Wallace annulla un set point per l'Italia prima di chiuderlo 28-26 per noi. Siamo avanti due set a zero e c'è tutto il Maracanãzinho che ci spinge, una marea verdeoro.

Nel momento del cambio campo, mi siedo in panchina prima dell'inizio del terzo parziale, e a quel punto la mia mente mi riporta indietro di quattro anni.

E se finisce come a Londra? E se vado in crisi e loro ribaltano tutto?

I tre minuti di pausa durano un quadriennio, quanto basta per far passare nella testa le immagini di 1460 giorni vissuti in un'altalena di emozioni.

No. Non adesso.

Mi faccio forza, mi impongo di ascoltare quella vocina e di riconoscerla per quello che è davvero: uno di quei pensieri negativi, automatici, che produce la mente di ognuno di noi. Faccio un po' di respirazione, torno a focalizzarmi sull'obiettivo. Questa volta non c'è posto per i pensieri negativi. Devo pensare al qui e ora, devo pensare a ogni azione. *Una alla volta, Bruno, una alla volta. Sono più forte di tutti gli ostacoli, sono più forte di tutti gli ostacoli.*

Il terzo set è una lotta punto a punto. Sul 25-24 e match point per noi, esco perché papà sceglie di alzare il muro. Sono talmente concentrato sul match che non raggiungo nemmeno i compagni in piedi davanti alla panchina, ma resto nei pressi del campo, appoggiato al boccione dei sali. Lo sguardo fisso su ciò che accade davanti a me. In battuta va Wallace, Felipe mura l'attacco italiano, la palla tocca terra, io urlo.

È un urlo di gioia, e anche di rabbia. Sputo fuori quattro lunghissimi anni di frustrazione e allo stesso tempo vengo invaso da qualcosa di indescrivibile: ho realizzato il sogno che avevo da bambino, quel bambino che, da quando ha cinque anni, ripete che vuole vincere l'Olimpiade. Ed è successo.

Mi stringo a Sérgio, la mia guida, piangiamo insieme lacrime dolcissime. Poi cerco lo sguardo e il calore di Bernardo, mio padre, il mio allenatore, il mio maestro. A quel punto vedo sulle tribune mia madre, la mia famiglia, i miei amici, ci sono Alessandra e Giuliano, c'è Guiga, Thiaguiño, c'è chi mi ha sempre voluto bene, chi mi ha visto a terra e aiutato a risorgere. C'è Neymar, gli corro incontro, pazzo di gioia. Il nostro è un abbraccio che vale più di tante parole: insieme abbiamo sofferto a Londra, insieme viviamo la gioia di vincere un oro davanti alla nostra gente.

Sul podio, inseparabile, porto con me la bandiera del Brasile: rappresenta le mie origini, è il simbolo della mia identità, mi unisce a tutto un popolo che attraverso lo sport cerca riscatto.

Quando comincia l'inno nazionale, alzo gli occhi verso le tribune. Sono nello stesso palazzetto che nel 2007 mi ha accolto con i fischi; ma adesso ho una medaglia d'oro al collo e attorno a me sento soltanto applausi, gioia, estasi. È difficile dire che cos'è la felicità, ma se qualcuno me lo chiedesse in questo momento non avrei alcun dubbio: è mettersi l'oro al collo mentre la bandiera verdeoro sale verso l'alto, ecco cos'è. Siamo dodici giocatori, uno a fianco all'altro, che il destino ha unito in un momento magico, un gruppo che resterà Gruppo per il resto della vita.

È l'ultima partita di Bernardo alla guida del Brasile. Io e lui ci abbracciamo, da allenatore e capitano, da padre e figlio. Un abbraccio che squarcia il tempo, un gesto che è anche un passaggio di testimone: non sono più solo il figlio di Bernardo. Ora sono Bruno, il capitano della nazionale che ha vinto l'oro, a Rio, e ha fatto impazzire il Brasile.

9
L'anno più brutto

La sbornia di gioia dell'Olimpiade mi fa compagnia per tutta la stagione 2016-2017. È una festa itinerante che inizia già a settembre con due amichevoli giocate nello stesso fine settimana contro il Portogallo per celebrare il successo olimpico e l'addio alla nazionale di Sérgio, il grande, immenso Sérgio. È stato anche grazie a quel suo discorso così carico di pathos e di grinta se siamo riusciti a superare uno dei momenti più difficili di Rio 2016 e arrampicarci fino all'oro.

Il pubblico previsto è così numeroso che disputiamo entrambe le gare all'interno di stadi di calcio. Una a Curitiba con trentamila persone e l'altra, la domenica mattina, a Brasilia, dove di tifosi ce ne sono quarantamila. Sono due giornate emozionanti, in cui raccogliamo, ancora una volta, l'affetto di tutta la nostra gente, qualcosa di unico.

Questo stesso entusiasmo dilagante lo percepisco nel corso dell'intera stagione, che disputo al Sesi San Paolo. In squadra con me ci sono alcuni compagni reduci dal trionfo di Rio come Lucas, Sérgio, Douglas, oltre ad altri che non erano presenti ma con cui ho comunque condiviso tanto con la maglia verdeoro come Sidão, Théo e Murilo. Con quest'ultimo in particolare è bellissimo tornare a sudare fianco a fianco dopo la delusione per la sua esclusione dall'Olimpiade.

Per quanto mi riguarda, sono curioso di vedere come reagirò al campo. Dopo aver toccato il cielo con un dito, dopo aver messo a tacere quell'ossessione che mi tormentava da anni, dopo aver trionfato davanti al mio pubblico, sarò ancora in grado di dare il massimo su ogni punto, di sputare sangue solo per non far cadere un pallone?

Come in un libro delle favole, la risposta arriva a Campinas, dove giochiamo la prima partita del campionato regionale. Non è certo una città come le altre: è quella dei miei nonni, di mamma Vera, il luogo dove ho iniziato a fare sport e dove sono diventato uomo. Quel giorno, quando esco dagli spogliatoi, non riesco a capire come sto, quale sia il mio grado di tensione nervosa. Comincio il riscaldamento, saggio i primi palloni, alzo lo sguardo sugli spalti, vedo quel pubblico che si aspetta tanto da me... Poi l'arbitro fischia, e a quel punto capisco all'istante che non è cambiato niente. Ritrovo l'agonismo, il fuoco che mi brucia dentro.

Sono ancora io. Ho ancora fame.

Il palazzetto in cui gioco è a una cinquantina di minuti da Campinas, e quindi da mamma, e a meno di un'ora di volo da Rio, dove papà allena la squadra femminile del Sesc. Dopo tanto tempo trascorso in giro per il mondo, mi ritrovo vicino ai miei cari. È una sensazione molto bella, mi sembra quasi di essere tornato bambino. Credo sia anche per questo che vivo gli ultimi mesi del 2016 e i primi del 2017 come se fossero una lunga decompressione: dopo quattro anni pesanti a livello emotivo, dopo lo stress agonistico dell'Olimpiade in casa, ora finalmente respiro. E lo faccio a pieni polmoni. Ogni match è un'occasione per sfruttare l'onda lunga dell'Olimpiade vinta e promuovere il volley e lo sport nel nostro Paese. Le squadre avversarie e il pubblico dedicano a chi ha vinto Rio 2016 gesti e applausi non scontati, che arrivano dritti al cuore, al mio sicuramente.

Dal punto di vista dei risultati, purtroppo, la stagione al Sesi non è delle più fortunate perché molti miei compagni di squadra si infortunano. Ma i momenti piacevoli fuori dal campo mi fanno sopportare meglio anche le delusioni con la squadra. Chiudiamo comunque la regular season al terzo posto, qualificandoci ai playoff, dove eliminiamo il Minas ai quarti con tre vittorie. Ci fermiamo alla serie successiva, in gara-4 di semifinale, contro il Funvic Taubaté, la stessa squadra che ci batte anche in finale di coppa del Brasile. Il titolo alla fine andrà al Sada Cruzeiro.

Nel corso dell'anno, continuo a seguire i risultati di Modena e, per quanto me lo consenta il fuso orario, sento spesso Ngapeth e Petrić, due dei compagni con cui ho vinto il triplete italiano nella stagione precedente. Per un po' mi sembra che da quelle parti tutto giri al meglio: trionfo in Supercoppa, girone d'andata chiuso a soli due punti dalla capolista Civitanova, scontri diretti con le altre big vinti. Ma a Modena, questo lo so bene, basta un passo falso e sembra che il mondo finisca. Così dopo la sconfitta in semifinale di Coppa Italia e un periodo non semplice, viene esonerato l'allenatore Piazza.

È a quel punto che la società decide di contattarmi.

«Bruno, se ci fosse la possibilità di tornare...» mi dice Andrea Sartoretti, il direttore generale, nel corso di una telefonata.

Anche se mi ero convinto che nel mio futuro ci fosse ancora il Brasile, la proposta di Sartoretti non mi lascia per nulla indifferente. Ne parlo con le persone più vicine, a partire da Murilo, che per me è molto di più di un compagno di squadra. Quando comincio, lui non mi lascia nemmeno finire il discorso, come se mi stesse leggendo nel pensiero.

«Vai, torna a Modena» dice sicuro. «In questa stagione non ti sei risparmiato, ma io lo vedo che i tuoi pensieri e il tuo cuore sono là. Sei fatto per stare in quella città.»

È la spinta che aspettavo, decido di tornare.

Il 24 settembre 2017 atterro all'aeroporto Marconi di Bologna. Quando lo sguardo supera l'orizzonte della zona arrivi dello scalo emiliano, il mio cuore torna a battere forte, in maniera quasi incontrollata. Fatico a trattenere l'emozione. Ad attendermi, oltre alla presidente Pedrini e al direttore generale Sartoretti, ci sono i tifosi. Una macchia gialla che invade l'aeroporto e mi abbraccia calorosamente. L'anno trascorso dall'altra parte dell'oceano non ci ha allontanato, il feeling e l'attrazione tra di noi sono ancora come un tempo, assolutamente speciali.

«Sono emozionato, quest'accoglienza è la conferma, la certezza che ho fatto la scelta giusta» sono le mie prime parole all'aeroporto. «E sono fortunato, ho una città, una società che vive una passione e ha scelto me per portarla avanti.»

Le dichiarazioni della presidente sono un'ulteriore conferma: «La storia del nostro club con Bruno è speciale. È quella di un grande amore, godiamoci questo momento».

Così, torno per la terza volta nella mia seconda casa, quella italiana.

Davanti a me c'è una nuova sfida che mi affascina: riportare un trofeo a Modena, riabbracciare il mio grande amico Ngapeth (troverò nello spogliatoio anche suo fratello minore Swan) e vincere la scommessa di far coesistere il mio modo di vivere lo spogliatoio con i principi del tecnico bulgaro Radostin Stoytchev. Il coach che a Trento ha uno stile molto duro ed è poco incline a creare un rapporto profondo con i giocatori. Il suo compito è quello di riportare la squadra in alto.

Con Stoytchev in passato ho avuto qualche scontro verbale. Nel 2011, ho usato parole non certo amichevoli su di lui dopo la semifinale scudetto contro Trento: «L'unico che mi ha rotto i coglioni è stato Stoytchev, si è permesso di criticare il nostro pubblico e di fare affermazioni che un tecnico alle prime armi come lui non dovrebbe fare».

Prima dell'inizio della nuova stagione, decido quindi di chiarire le mie parole di sei anni prima. In un'intervista con Andrea Zorzi sulla «Gazzetta dello Sport» affermo: «Sono cose dello sport. Forse quella volta sono stato un po' aggressivo, ma era quello che volevo dire. Lui è un allenatore vincente e io sono un professionista. Non ho mai avuto occasione di parlare direttamente con lui, forse c'è anche un problema di pregiudizi da avversario e questo potrebbe cambiare. Non so se potrà essere un rapporto speciale come ho avuto con Lorenzetti, ma sono qui anche per cambiare idea, anzi per non avere proprio pregiudizi e scoprire, dopo qualche mese, che avevo sbagliato quando ho fatto quella dichiarazione».

Il primo contatto con Stoytchev avviene a inizio giugno, qualche mese prima del mio sbarco a Modena. Durante un girone di World League che il Brasile gioca a Varna, in Bulgaria, ne approfittiamo per conoscerci di persona. Si tratta di una chiacchierata cordiale, in cui lui mi illustra le sue idee, quello che vorrebbe dalla squadra. Non facciamo grandi discorsi, ma nel complesso ho l'impressione che le distanze si siano ridotte.

Fin dai giorni di preparazione, provo a seguire al massimo quello che Stoytchev chiede, anche se è un po' diverso dal mio modo di pensare e lavorare. Per esempio, quando arriva la prima sconfitta della stagione (alla sesta giornata 3-1 contro Civitanova), il coach ci tiene per un'ora a rapporto in sala pesi, leggendoci le statistiche di ognuno. Non condivido quel modo di gestire la sconfitta, non lo trovo né costruttivo né funzionale, soprattutto perché a fine match non abbiamo la necessaria serenità per essere lucidi. Comunque è lui l'allenatore e faccio di tutto per adeguarmi.

Il primo appuntamento dell'anno è la Supercoppa italiana, ma usciamo subito, perdendo in semifinale, di nuovo 3-1 contro Civitanova. Ci mancano ancora alcuni meccanismi di gioco, serve tempo: con Ngapeth e Rossini vado a memoria, però non ho mai giocato con lo schiacciatore Urnaut, con i centrali Holt e Mazzone, e neppure con l'opposto Sabbi. L'intesa è tutta da costruire.

Ma il tempo non ci viene dato: la mia terza avventura a Modena si trasforma presto in una stagione travagliata, con continui episodi che minano la serenità dell'ambiente. Se nell'anno del triplete le vicissitudini fuori dal campo hanno unito giocatori e staff, adesso è tutto molto diverso. La prima "scossa" avviene tra fine novembre e inizio dicembre. Nella settimana che ci porta alla partita di campionato a Trento, il mercoledì sera, io e alcuni compagni usciamo per festeggiare un compleanno. Siamo tranquilli, perché la mattina dopo è libera. Una volta usciti dal locale, Earvin viene fermato dalla polizia per un controllo stradale: prova del palloncino positiva e patente ritirata. Lui avvisa subito la presidente Pedrini e il dg Sartoretti, e sono direttamente loro a informare il coach.

Noi cerchiamo di fare quadrato, di lasciare quell'episodio fuori dal campo, e gli allenamenti successivi scorrono via senza strascichi, finché la domenica arriviamo a Trento per il big match. Giochiamo alla pari, siamo avanti 2-1 nei set e nel quarto arriviamo al 24-24. Alla fine, però, perdiamo il parziale e poi il tie-break. In dieci giornate di campionato è la nostra seconda sconfitta.

Due giorni dopo, il ritiro della patente di Earvin diventa di dominio pubblico, è su tutti i giornali. Il "fare quadrato" promesso la settimana prima lascia spazio alla volontà del mister, e la società esce con un comunicato in cui si dice che disapprova pubblicamente qualunque atteggiamento non consono ai valori che il club professa e applicherà senza incertezze il proprio codice etico. È evidente che di compattarci non c'è né tempo né voglia, capiamo tutti che le cose non vanno e che la tempesta è dietro l'angolo.

Il rapporto tra squadra e allenatore deflagra prima di Natale. Dopo aver vinto il 17 a Perugia con un netto 3-0 ci vengono lasciati due giorni di riposo, al termine dei quali Ngapeth rientra a Modena con ventiquattr'ore di ritardo sul programma. Ne viene fuori un duro confronto tra squadra, tecnico e società, ma io sono convinto che lo strappo si può ancora ricucire prima dell'ultima partita del girone d'andata, il 26 dicembre contro Padova.

Non è così: il giorno di Natale la società emette una nota molto dura:

> Nella mattinata di venerdì i giocatori Earvin e Swan Ngapeth hanno bruscamente affrontato – in un momento di confronto – l'allenatore Radostin Stoytchev manifestando a lui e successivamente ai vertici della società l'intenzione di non proseguire il loro rapporto con il club. Decisione a cui ha fatto seguito l'assenza di entrambi all'allenamento nel pomeriggio di venerdì, alla seduta del sabato e della domenica. Il tutto a conclusione di una travagliata settimana dove il tesserato Earvin Ngapeth era già rientrato in ritardo di una giornata (mercoledì) sul permesso di due giorni concesso dal tecnico dopo il successo di Perugia. La società sta valutando quali misure adottare nei confronti dei due tesserati, a oggi, a tutti gli effetti, vincolati a Modena Volley.

Il match con Padova lo giochiamo senza entrambi i fratelli Ngapeth e lo perdiamo 3-1. Il pubblico ci fischia e accusa noi giocatori di aver perso apposta, per contrastare l'allenatore. È un'accusa infamante che ancora oggi è per me una ferita aperta.

Per fortuna, in quei giorni mio padre Bernardo è venuto a Modena per trascorrere il Natale con me.

«Earvin e Swan vogliono andare via e i tifosi sono contro di noi» mi sfogo con lui in quelle ore difficilissime. «Non so come affrontare la situazione.»

Bernardo era al palasport il giorno della sconfitta con Padova, quindi capisce bene le mie parole. Ha gli occhi preoccupati di un padre che vuole aiutare il figlio, ma è anche un grande allenatore che mai si permetterebbe di intromettersi in una situazione di spogliatoio tanto delicata.

«Bruno, stai tranquillo» si limita a dirmi. «Sei il capitano della squadra. Devi cercare di lavorare bene ogni giorno e aiutare i tuoi compagni. Focalizzati sulla pallavolo, sulla squadra, e lascia andare tutto il resto.»

Le sue parole sono corrette, lo so, ma la verità è che faccio un'enorme fatica in campo e fuori. Non riesco a convivere con un allenatore e con una persona che ha una concezione del lavoro e dei rapporti diametralmente opposta alla mia: per me trasparenza e rispetto sono due punti fondamentali.

A gennaio, perdiamo ancora contro Civitanova, questa volta nella semifinale delle Final Four di Coppa Italia a Bari. Lo facciamo in piena emergenza, perché ci presentiamo a quell'incontro senza Sabbi, il nostro opposto, e il suo sostituto, Argenta, si fa a sua volta male nel corso del match. Risultato: per un set e mezzo tutto funziona alla grande, poi la Lube scappa e chiude 3-1. È il secondo obiettivo di stagione che manchiamo.

Il morale del gruppo raggiunge il minimo. Non passa giorno che qualcuno nella squadra non sia arrabbiato, triste o sconfortato. Non riesco più a sopportare questo clima pessimo e decido di andare a parlare con Stoytchev nel suo ufficio.

«In spogliatoio le cose vanno sempre peggio» dico. «Perché non ci prendiamo un po' di tempo per parlare e cerchiamo di spiegarci a vicenda le nostre ragioni? C'è assoluto bisogno di ritrovare armonia.»

La sua risposta mi gela: «Se avete qualche difficoltà con me, è un problema vostro. Io arrivo a casa, metto la testa sul cuscino e dormo sereno».

Chiudo la porta più deluso che incazzato, sono il capitano della squadra e non ho trovato il modo di risolvere la situazione. Non è un problema personale, è che senza mettersi in discussione non si progredisce e, quindi, non si va da nessuna parte.

Pochi giorni dopo le Final Four di Coppa Italia, un giornalista chiede al coach se lui, Bruno e Ngapeth possono ancora andare avanti insieme. Stoytchev risponde: «Non ho problemi a immaginarci qui anche l'anno prossimo».

Ma è tutto falso. Lo sa lui e lo sappiamo noi. Tanto più che, poco dopo, scopro da un compagno di squadra che Stoytchev ha già contattato il palleggiatore americano Christenson, in quel momento a Civitanova, con l'obiettivo esplicito di affidargli il mio ruolo.

Sul rapporto, o meglio sul non rapporto, con Stoytchev lavoro molto con Giuliano. Ci focalizziamo sul fatto che, dal momento che siamo persone molto diverse, devo cercare il modo migliore per lavorare con lui senza peggiorare la situazione. Anzi, per aiutare la squadra a trovare la chiave giusta. Ci provo, ma non è semplice.

Inoltre, sapendo che Stoytchev è sulle tracce di un altro palleggiatore e che la società non ha nessuna intenzione di cambiare allenatore a fine stagione, capisco che sono io quello che deve andarsene. Decido di fare chiarezza sul mio futuro prima dell'inizio dei playoff: chiamo la presidente Pedrini e il dg Sartoretti e chiedo loro un incontro.

«È un momento che mai avrei pensato di affrontare» dico. «Sono tornato con il progetto di riportare Modena al successo ma in queste condizioni è impossibile, non è scattata la chimica necessaria, quella che mi permette di essere sereno e giocare al massimo. Tutt'altro. Troppe volte mi sono trovato a spendere energie enormi per carcare di tutelare il gruppo e risolvere le varie problematiche, senza riuscirci. È sicuramente un mio limite, che emerge chiaramente: non riesco a scindere la componente umana da quella lavorativa quando si tratta di creare o far crescere un gruppo, mi serve un'empatia, un'affinità che vada oltre il rettangolo di gioco.»

Dal momento che il mio contratto è stato siglato con l'opzione "1+2", ho l'opportunità di non rinnovarlo e di scegliere liberamente che cosa fare del mio futuro.

«Ho deciso di andare via da Modena» concludo. «Mi dispiace molto ma sono obbligato a trovare la mia strada altrove.»

A questo punto la palla passa a Guiga, il mio procuratore. È stato un giocatore, un palleggiatore per la precisione, dunque capisce la situazione perfettamente. Mi prospetta i vari scenari.

«In Brasile non ci sono buone possibilità economiche» mi spiega. «Ci potrebbe essere qualche opzione in Russia, mentre in Polonia meno. Per l'Italia dobbiamo vedere.»

Io ho le idee chiare e avanzo l'unica mia richiesta: «Mi piacerebbe giocare la Champions League».

Champions League e Mondiale per club sono infatti gli unici due trofei che ancora mancano al mio palmarès.

«Vediamo che scenari si aprono» dice lui. «Adesso concentrati sul campo.»

I playoff scudetto non vanno bene: perdiamo ancora in semifinale, ancora contro la Lube. Il giorno dopo l'eliminazione, io e Ngapeth, che abbiamo entrambi le valigie pronte, veniamo invitati nello studio televisivo di *Barba e Capelli*, una storica trasmissione modenese. Vorranno di certo chiederci che cosa è accaduto in spogliatoio, conoscere i retroscena che hanno portato a quella pessima stagione, e per farlo hanno chiamato non solo i due giocatori più rappresentativi ma anche quelli che hanno avuto più screzi con l'allenatore.

«Per me non è un problema» comunico alla società. «Ci andrò sicuramente.»

Ma il resto della squadra non ci sta. «Perché andate solo voi a metterci la faccia, a spiegare quello che è successo? Andiamo tutti insieme!»

Così prende corpo una situazione non programmata: una squadra al completo in televisione a raccontare del "difficile" rapporto che ha con l'allenatore. La società, spalle al muro, decide di chiudere la collaborazione con Stoytchev e di avviare una causa legale nei suoi confronti, che si concluderà solo tre anni dopo con un patteggiamento.

Se ripenso oggi a quella stagione sfortunata credo che l'episodio della televisione sia uno dei due errori che ho commesso fuori dal campo. Sono infatti convinto che sarebbe stato meglio presentarsi al programma solo in compagnia di Earvin, come ci era stato chiesto. Siamo rimasti in silenzio per più di metà stagione, un po' per non creare problemi ulteriori, un po' perché sia io sia Earvin siamo stati sistematicamente esclusi dalle conferenze pre e post-gara. Il nostro obiettivo era poter finalmente spiegare che cosa non era andato per il verso giusto e perché si era arrivati a disputare una stagione così deludente. Il mio scopo non era allontanare Stoytchev da Modena, era spiegare perché io e Ngapeth avevamo deciso di cambiare squadra.

L'altro errore che ho commesso è stato dichiarare amore eterno a Modena, aggiungendo: «In Italia solo a Modena». Oggi non lo ripeterei, perché la vita di un professionista è troppo difficile da pronosticare, ma quelle parole venivano dal cuore e non le rinnego. Era la mia convinzione. Non avrei mai pensato di giocare in un altro club italiano: semplicemente, è accaduto quello che succede in tante relazioni, quando l'amore permane ma, a causa di qualche problema, ci si lascia ugualmente. A ogni modo, la portata emotiva di quel distacco la capirò solo l'anno successivo, quando, per la prima volta, tornerò al PalaPanini da avversario.

La scommessa accettata in estate, quella di riportare Modena ai trionfi del triplete, non riesco a vincerla. La perdo io, insieme a Earvin. E la perde la società, che è obbligata a ripartire da zero con un progetto completamente diverso. Lo sbarco di settembre all'aeroporto Marconi di Bologna si trasforma, otto mesi più tardi, in un doloroso addio, e se me lo avessero raccontato non ci avrei mai creduto. Finisce così una stagione difficilissima. Non voglio e non penso sia giusto giudicare Stoytchev, cerco invece di cogliere un insegnamento da ciò che ho vissuto: nella vita a volte si incontrano persone con cui non è possibile creare un rapporto di stima o di amicizia, persone che hanno valori distanti e diversi dai miei. Devo imparare ad andare oltre, nel lavoro, e quest'anno ne è stata la prova, occorre un cinismo che ancora evidentemente non ho.

10
Vorrei scappare…

La proposta che il mio procuratore mi comunica, dopo che ho richiesto di giocare in Champions League, è quella di Civitanova: proprio la squadra che ha sbattuto fuori Modena da tutte le competizioni nella stagione 2017-2018. L'idea è di mettere in atto una sorta di "scambio" di palleggiatori: Christenson in Emilia, io nelle Marche.

Eppure, dopo aver chiuso malamente la stagione ed essere tornato in Brasile, ho il pensiero che, in seguito all'allontanamento di Stoytchev, Modena e Civitanova possano accordarsi per una contromossa che faccia restare entrambi i palleggiatori al proprio posto. La presidente Pedrini e il dg Sartoretti spingono per questa soluzione e anch'io la auspico, visto che mi sento ovviamente molto legato all'ambiente modenese.

La Lube, però, in sette giorni perde la finale scudetto e quella di Champions League: il 6 maggio Perugia chiude la serie sul 3-2; il 13 maggio lo Zenit Kazan vince 3-2, con l'ultimo set chiuso sul 17-15. A questo punto Civitanova decide di proseguire con l'idea dello scambio.

Ci penso molto anch'io. La Lube vicecampione d'Europa sarebbe un passo importante per la mia carriera: oltre a consentirmi di continuare a giocare in un campionato di alto livello come la Superlega italiana, potrei provare a vincere la Champions League e il Mondiale per club. Civitanova mi offre tutto questo.

Alla fine i traguardi del professionista vincono rispetto al richiamo del cuore: una scelta che rappresenta per me un cambio di mentalità, più razionalità e meno sentimento. Entro nella nuova realtà accompagnato da Albino Massaccesi: l'amministratore delegato e vicepresidente dei marchigiani è la prima persona ad accogliermi, con lui viaggio in auto da Torino, dove si conclude il Mondiale, sino a Civitanova. Con lui inizio a conoscere il mondo Lube.

Prima dell'inizio del campionato, però, è di nuovo tempo di nazionale: il Mondiale 2018 si svolge tra Italia e Bulgaria.

È il primo torneo iridato che disputiamo senza la guida di mio padre Bernardo, che ha lasciato la nazionale all'inizio del 2017 dopo oltre quindici anni e un palmarès straordinario: due ori olimpici, tre mondiali, otto campionati sudamericani e tantissimi altri trofei. Non solo per me, ma anche per i miei compagni, Bernardo è stato l'unico commissario tecnico che abbiamo mai conosciuto nel corso della nostra carriera. Il suo posto è stato preso da Renan Dal Zotto, un allenatore diverso da papà a livello umano ma che condivide con lui la stessa filosofia del lavoro: non per niente i due sono amici e, a loro tempo, hanno anche giocato insieme.

Con lui in panchina, abbiamo vinto l'anno precedente Sudamericano e Grand Champions Cup, ma ci presentiamo in Bulgaria un po' cotti e senza grandi aspettative. L'estate 2018 è infatti lunga, snervante, molto impegnativa: è la prima in cui la Nations League prende il posto della World League. Si gioca per cinque settimane tre partite a weekend, e il nostro piano di volo non è dei più agevoli. Si comincia dalla Serbia, si passa per il Brasile, si riparte per la Russia, passaggio in Bulgaria, e ultima settimana in Australia. Dopo un breve ritorno a casa, fase finale in Francia. Il tutto in quarantaquattro giorni, che ci valgono un quarto posto finale poco soddisfacente e un numero piuttosto alto di sconfitte complessive.

La squadra che si presenta al Mondiale è un mix di esperienza e gioventù: un gruppo omogeneo che permette a Renan Dal Zotto di alternare i protagonisti in campo. Ci sono due opposti come Evandro e Wallace, io e William in regia, l'imbarazzo della scelta al centro con Lucas, Éder, Maurício Souza e Isac, mentre il reparto dove siamo più corti a causa degli infortuni di Lucarelli e Maurício Borges è quello degli schiacciatori, ruolo nel quale giocherà una grande manifestazione Douglas.

Il nostro percorso è impetuoso. Vinciamo il girone della prima fase, a Ruse, in Bulgaria, e anche quello della seconda fase, a Bologna, qualificandoci così per le Final

Six di Torino. Anche qui percorso netto: il 3-2 alla Russia e il 3-0 agli Usa valgono il primo posto nell'ultimo girone. In semifinale netto 3-0 alla Serbia prima di cedere in finale con la Polonia per 3-0. Un argento che non "brucia" come le precedenti finali perse. La squadra, nelle difficoltà, dà tutto e mi rende orgoglioso del gruppo.

Il mondo di Civitanova è totalmente nuovo e io cerco di entrarci in punta di piedi, rispettando le gerarchie che si sono formate nel tempo con i giocatori che da anni fanno parte del club. Anche come palleggiatore, per quanto riguarda la leadership in campo, faccio un passo indietro, senza avere la presunzione di arrivare e "comandare": è un approccio tutto sommato corretto, ma che non mi permette di esprimermi al meglio. Rispetto la figura di capitan "Gaghi" – Dragan Stanković, centrale serbo alla Lube dal 2010, avversario di sfide memorabili come la finale di World League del 2009 –, ammiro giocatori esperti come Robertlandy Simón, Osmany Juantorena e il bulgaro Tsvetan Sokolov, affrontati molte volte in passato.

A Civitanova la maglia numero 1 è proprio di Sokolov. Così in questa stagione ricca di novità, emozioni e obiettivi da inseguire scelgo di portare sulle spalle il numero 14 per sentire il calore di casa: l'1 indossato da papà Bernardo e il 4 da mamma Vera. Saranno loro a guidarmi in un percorso che parte in salita ma finisce in tutt'altro modo. Che andrà a toccare l'inferno, il purgatorio e l'agognato paradiso.

Nonostante i buoni propositi, il mio cuore non è ancora ripulito dalle scorie dell'ultimo anno a Modena, tanto più che il destino ci si mette di mezzo. Appena una settimana dopo la conclusione del Mondiale, infatti, il primo match ufficiale della stagione è proprio contro Modena: la semifinale di Supercoppa italiana, che si disputa a Perugia. In un pomeriggio rivivo tutto il mio trascorso in Italia. Perugia è la città della mia infanzia, Modena è il luogo dove mi impongo come Bruno, Civitanova è la mia ultima sfida sportiva.

Quel giorno perdiamo 3-2, il trofeo lo vince Modena e il premio come miglior giocatore della competizione viene assegnato proprio a Christenson, il palleggiatore che ha preso il mio posto al PalaPanini. Insomma, un contrappasso degno della sceneggiatura di un film.

Poco più di un mese dopo, il 18 novembre, arriva il momento del mio ritorno da avversario in Emilia, un tutto esaurito da 5128 spettatori. È il giorno in cui realizzo sia pesante sentirmi avversario nella mia seconda casa: vengo accolto da bordate di fischi, e io trascorro una delle giornate più brutte della mia vita sportiva, nonostante la vittoria al tie-break.

Sono due duri colpi, che però hanno anche l'effetto di farmi capire che così non va bene. Devo sforzarmi di entrare con la testa nella nuova realtà, devo focalizzarmi sulla Lube, sui traguardi che stiamo inseguendo insieme. Capisco che è il caso di intensificare i miei incontri con Giuliano.

«Cosa ci faccio qui?» gli chiedo. «Perché ho fatto questa scelta?»

«Davvero hai già dimenticato come stavi l'anno scorso? Tutti i problemi e le tensioni che c'erano con Stoytchev…» risponde lui.

«No, non li ho dimenticati, però…»

«Bruno, devi solo stare tranquillo e ritrovare la serenità. E smettere di pensare a quello che è successo o, peggio, a quello che sarebbe stato se avessi fatto cose diverse nel passato.»

«E concentrarmi sugli obiettivi…»

«Esatto, Bruno» concorda lui. «Gli obiettivi. Devi credere nella decisione che hai preso, c'è un perché dietro a ciò che sta accadendo ora, un perché che solo il tempo potrà spiegare.»

Le domande, i dubbi, i turbamenti che vivo glieli racconto giorno dopo giorno, e lui mi aiuta a trovare risposte e a individuare un percorso: le sue parole sono per me una stella polare da seguire. Anche con l'allenatore Giampaolo Medei, arrivato alla Lube l'anno precedente dopo aver vinto la Coppa Cev con i francesi del Tours, ho un dialogo costante: il coach si accorge delle mie difficoltà emotive e cerca di aiutarmi.

Eppure, a inizio dicembre il mio equilibrio precario si spezza. La formula del Mondiale per club, quell'anno in Polonia, prevede due gironi all'italiana, con partite da disputare nello spazio di pochi giorni, al termine dei quali ci saranno le semifinali e la finale. Noi chiudiamo il girone al primo posto, senza perdere nemmeno un match, poi regoliamo i padroni di casa del Resovia in semifinale (3-1): l'atto conclusivo sarà tutto italiano, contro Trento. È la prima volta, nella mia carriera, che mi trovo a competere per il Mondiale per club.

Quel giorno, nel palazzetto di Częstochowa parto male e continuo peggio: i primi due set sono tra i più deludenti della mia carriera, tanto che Medei nel terzo mi lascia in panchina per far spazio al mio sostituto, il belga D'Hulst. I miei occhi sono sbarrati, increduli, mentre vedo i miei compagni perdere 3-1, e poi la gioia dei giocatori di Trento, i loro festeggiamenti. Rivedo i fantasmi di Londra, il dopo partita è un buco nero.

In albergo, la camera di Fabio Balaso, il libero che tutti chiamiamo "Macchina" per il fatto che, in allenamento, non alza mai il pedale dall'acceleratore, diventa il nostro confessionale, c'è quasi tutta la squadra. Entriamo e usciamo, ci sfoghiamo, ci lamentiamo e cerchiamo conforto. Forse vogliamo solo stare in compagnia per evitare di ritrovarci in camera da soli, davanti ai nostri fantasmi.

Davanti agli altri mi assumo le mie responsabilità: «Ragazzi, vi chiedo scusa, ho giocato malissimo e la colpa per la sconfitta è prima di tutto mia».

Ne parlo anche con Guiga, il mio procuratore. «Quando mi ricapiterà di giocare una finale del Mondiale per club?» gli dico. «La mia prestazione è stata pessima. Questo non è più il mio posto, voglio andare via, prendermi del tempo per me... Fammi tornare in Brasile.»

Guiga mi ascolta con attenzione, poi mi dice semplicemente: «Adesso non pensare a niente. Vai a dormire e tranquillizzati». Prima di uscire dalla stanza, però, si gira verso di me e aggiunge: «Non è la prima volta e non sarà l'ultima che sopporterai queste frustrazioni, Bruno. Ne hai vissute tante e saprai rialzarti ancora una volta».

In quel momento Guiga fa esattamente ciò che avrebbe fatto Angelo Lorenzetti, scuotendomi e dandomi fiducia. Ma nella mia mente ci sono solo io, con i miei dubbi e le mie paure: trascorro la notte in loro compagnia.

L'avventura di Giampaolo Medei è al capolinea: il 9 dicembre, una settimana dopo Częstochowa, perdiamo con un secco 3-0 contro Milano, e l'allenatore viene esonerato. È lui a pagare il conto amaro delle sei finali perse in poco più di dodici mesi. In sedici anni di carriera, è la prima volta che vivo un cambio d'allenatore durante la stagione.

Ad ogni modo, Medei non è il solo a finire nel mirino del presidente Fabio Giulianelli. Il presidente è il nostro primo tifoso e, da imprenditore di successo qual è, non è abituato a digerire facilmente le sconfitte. Dice quello che pensa in maniera diretta, senza filtri, con passione.

«Bruno, io ho preso il miglior palleggiatore al mondo, ma non lo vedo.» Mi affronta con tono secco e parole affilate. «Tu non sei questo.»

Quando ci raggiunge negli spogliatoi, a caldo o il giorno dopo una sconfitta, Giulianelli non si risparmia né con me né con il cubano Leal, l'altro volto nuovo che fatica a ingranare. A volte i confronti sono duri, ma mi piace il suo modo di fare, è una persona vera, diretta, autentica.

Dentro di me, penso: *Caro Fabio, ti dimostrerò che non ti sei sbagliato, conoscerai e apprezzerai il vero Bruno.*

Dopo un breve periodo in cui veniamo guidati dal vice Camperi, arriva in panchina Fefè De Giorgi. L'effetto che ha su di me è immediato ed è lo stesso che a suo tempo ha avuto Lorenzetti. Bastano i quarantacinque minuti di confronto nella riunione video del primo giorno pre-gara a far scattare il colpo di fulmine. In quel lasso di tempo, infatti, De Giorgi fotografa perfettamente la nostra squadra e ci indica la via per uscire dalla brutta situazione in cui siamo finiti.

«Non pensate in modo individuale, ma come squadra» dice sicuro. «Non dovete avere la presunzione di sviluppare delle azioni perfette o di fare punto al primo attacco. La pallavolo è uno sport che si basa sulla gestione delle imperfezioni. Se la ricezione non è buona chi alza dovrà cercare di rimediare, e se la palla per l'attaccante non è buona lo schiacciatore dovrà dosare il colpo.»

Nella saletta dell'albergo che ci ospita cala il silenzio. Siamo tutti catturati dalle sue parole, dal carisma, dall'autorevolezza con cui prova a indicare la rotta a un gruppo di giocatori che sembra smarrito. Vicino a me, ci sono campioni del calibro di Juantorena, Leal, Simón, Sokolov, e siamo tutti incantati.

«Nella finale che avete perso contro Trento vi siete mai chiesti quanti colpi ha aggiustato Kovačević nei sedici punti che ha realizzato?»

Uroš Kovačević è lo schiacciatore mancino di Trento, con cui ho avuto modo di giocare nel corso del mio secondo periodo a Modena. La domanda di Fefè De Giorgi non è una di quelle che esige una risposta, così noi restiamo tutti in silenzio.

«Il cinquanta per cento» riprende lui. «È questo che fa la differenza nel nostro sport.»

Sono conquistato dall'incisività delle sue parole, semplici ma precise. Ma è la sua ultima frase a restarmi impressa in mente e a diventare il simbolo della nostra rinascita.

«Una squadra di pallavolo deve pulsare con lo stesso battito, e io sento che questo ancora non succede.»

Insomma, il primo comandamento è "giocare di squadra".

Anche dal punto di vista individuale, le sue indicazioni sono semplici e chiare: «Bruno, prepara le mani per palleggiare, cerca di stare sempre con la palla davanti agli occhi. Ma soprattutto non pensare agli errori, c'è la giocata successiva per rifarsi».

Ogni volta che sbaglio Fefè cerca di togliermi il peso dell'errore e, così facendo, mi aiuta a tenere la testa libera. I suoi continui gesti quotidiani, insieme all'approccio più scientifico di Giuliano, sono le due stelle che seguo per ritrovare la tranquillità perduta.

Con il nuovo allenatore iniziamo un percorso che tra dicembre e l'inizio di febbraio ci porta a giocare quattordici partite: tre di Champions League, otto di Superlega e tre di Coppa Italia. Proprio in una trasferta di Champions, io e Jiří Kovář decidiamo di parlare con Osmany Juantorena. Dopo il match, beviamo una birra insieme in camera e gli proviamo a spiegare che oltre a essere un grande leader tecnico ci piacerebbe vederlo più positivo, a livello di atteggiamento, nel quotidiano. Ci confrontiamo con Osmany in modo anche abbastanza duro. Lui non la prende benissimo, ma piano piano il cambiamento si inizia a vedere e anche lui diventa, nel *day by day*, un punto di forza del gruppo.

Il bilancio con De Giorgi è di dodici vittorie e due sconfitte, entrambe contro Perugia. L'ultima è quella che fa più male: perdiamo un'altra finale, quella di Coppa Italia (3-2). Eppure, questa volta accogliamo il ko con una consapevolezza diversa, forti del gioco che stiamo sviluppando in campo.

Il primo a capirlo è il presidente Giulianelli. «Ragazzi, oggi non posso dirvi nulla, avete lottato» ci dice alla fine dell'incontro. «Siamo sulla strada giusta.»

Da quella finale esce una Lube più cosciente dei propri mezzi. Partita dopo partita, arriviamo a maggio con la possibilità di giocarci due nuovi trofei. Nei playoff di Superlega, eliminiamo Verona in due partite nei quarti, Trento in quattro in semifinale; in quelli di Champions League i russi della Dinamo Mosca nei quarti e i polacchi del Belchatów in semifinale.

La finale scudetto è contro Perugia e rispecchia fedelmente il fattore campo. In gara-1 e 3 perdiamo nettamente in Umbria, mentre in gara-2 e 4 rendiamo lo stesso servizio a Perugia. La "bella" decisiva si disputa in casa loro il 14 maggio.

Dal momento che, in quella stagione, tutte le trasferte in Umbria sono andate male, decidiamo di cambiare le nostre abitudini in vista del match decisivo. I centoquaranta chilometri che ci separano dal palasport decidiamo di percorrerli il giorno stesso della partita, non quello prima come abbiamo fatto fino a quel momento, sacrificando l'allenamento di rifinitura nell'impianto di gioco.

Prima dell'inizio del match, il presidente Giulianelli ci convoca tutti e ci fa un discorso tanto duro quanto bizzarro.

«È appena finita la partita e avete perso di nuovo. La ottava finale persa consecutiva. Ancora contro Perugia. Siete una squadra che non sa prendersi le proprie responsabilità, che non sa affrontare i momenti decisivi. Siete dei falliti!»

Noi giocatori lo ascoltiamo e non capiamo che cosa significhi quello sfogo cronologicamente sballato: in campo non ci siamo ancora scesi…

«Ma avete una seconda possibilità» continua il presidente. «Adesso le lancette tornano indietro nel tempo e voi potete rigiocare questa partita. Adesso potete vincerla!»

Non so dire se sia stato merito di questo discorso

escogitato per pungolarci e stimolare una nostra reazione o del cambiamento della rifinitura a influire sulla nostra prestazione, quel che è certo è che, nella stessa città dove era iniziata nel peggiore dei modi la mia avventura con Civitanova – la sconfitta con Modena nella semifinale di Supercoppa –, si accende la luce.

I primi due set sono appannaggio di Perugia (25-22 e 25-21). León e Atanasijević battono da dio (undici ace in due a fine partita) rendendoci difficile attuare qualsiasi tipo di contromisura. Ma non ci scomponiamo, siamo consapevoli dei nostri mezzi e, soprattutto, sappiamo che al primo varco che ci concederanno, ci faremo trovare pronti per sfruttarlo.

Ed ecco che arriva la vittoria netta del terzo parziale (25-12) che ci fa crescere la fiducia. Nel quarto, l'inerzia della partita gira definitivamente. Sul 20-19 per noi è Jiří Kovář, un giocatore che ha sempre lottato con gli infortuni ma che ha saputo dimostrare il proprio valore ogni volta che conta, a confezionare il break che ci lancia al quinto set: un muro su Atanasijević e un contrattacco complicato sono la sua firma sulla rimonta. Il tie-break lo vinciamo 15-10, e dopo sette finali consecutive perse la Lube si scrolla di dosso un fardello pesante.

È una vittoria speciale che, oltre a farci conquistare lo scudetto ha contribuito anche a toglierci la "maledizione" dei trofei persi. È il modo migliore per prepararci alla finale di Champions League. Non abbiamo nemmeno il tempo di festeggiare lo scudetto che è già il momento di volare a Berlino, dove ci aspetta lo Zenit Kazan. Dall'altra parte della rete troverò anche Earvin Ngapeth, anche lui a caccia del primo successo nella massima competizione europea.

La sera prima di quella sfida decisiva sono solo nella camera d'albergo. Leal, il mio compagno di stanza, sta svolgendo delle terapie. Dopo mesi difficili dove i cattivi pensieri sono tornati a offuscare il mio orizzonte, sento il bisogno di aprire il cuore ai compagni, alla squadra. Voglio mandare un messaggio a poche ore dall'ultima partita della stagione, l'ultima gara per un gruppo che l'estate successiva cambierà molte pedine. Ci penso e ci ripenso, poi prendo il cellulare e apro la schermata della chat della squadra. Quando inizio a scrivere, le parole sgorgano spontanee, come se le avessi covate dentro da sempre:

> Ragazzi... domani sarà il nostro ultimo giorno tutti insieme, manca solo Brenden Sander. Una stagione che sembra una vita, però sono passati poco più di sette mesi. Insieme abbiamo vissuto tante cose e io vi ringrazio per tutto quello che abbiamo creato. Con le nostre differenze, le nostre debolezze, le nostre qualità, siamo riusciti a costruire un bel gruppo. Una squadra che ha lasciato un segno, non solo per le persone della pallavolo. Un segno per noi e per la vita. Una squadra che aveva la pressione immensa di vincere a tutti i costi, che ha giocato male, che ha perso un Mondiale in un modo tanto brutto. Un

gruppo che si è rialzato, che ha lavorato sodo ogni giorno, che è arrivato a un'altra finale di coppa e ha vissuto ancora una delusione. Abbiamo continuato senza mollare, lasciando stare l'ego di ognuno e vedendo che quello che contava era sempre la squadra. Ognuno con il suo ruolo, ma decisamente *tutti* hanno dimostrato di essere indispensabili per arrivare dove siamo oggi. *Tutti* protagonisti. Questa è la cosa più bella. Dopo aver vinto uno scudetto, domani abbiamo un altro sogno. Godiamoci questo bellissimo giorno che arriverà e lottiamo per ogni palla come abbiamo fatto fino a oggi, tutti insieme, per cercare di finire un'annata meravigliosa in un modo incredibile. Grazie a tutti voi di cuore, in particolare al capitano Stanković che è stato fondamentale, il collante di questa squadra. Vi voglio bene e mi ricorderò per sempre di questa stagione. A domani!!! Carichi... *Foco, força e fé.* Un grazie speciale a Front [il fisioterapista Frontaloni] e Max [il preparatore Merazzi], che con la vostra carica e l'aiuto in tutti i momenti siete stati veramente tanta roba! Il duo perfetto! Grazie delle birre!!!

Il giorno dopo, a tifare sulle tribune c'è mio padre Bernardo che, dopo aver condiviso con me da allenatore le tante vittorie del Brasile, è arrivato in Germania da tifoso. Finalmente è tutto per me. Dopo un primo set giocato con nervosismo (e che infatti perdiamo senza storia), entriamo in partita, battiamo benissimo e trionfiamo in quattro set. Dopo che l'ultimo pallone tocca terra, l'abbraccio con mio padre è anche, forse per la prima volta, quello tra me e un grande tifoso.

L'emozione di vincere la prima Champions, dopo così tante difficoltà, è enorme. Si conclude una stagione incredibile e sì, posso dire che ancora una volta aveva ragione Giuliano: c'è sempre un perché dietro a ogni cosa. Mi rimangono in mente le vittorie, certo, ma anche le tante persone incontrate, con cui ho condiviso un bel pezzo di strada, in particolare penso a Jappi Massari, a Jiří Kovář, a D'Hulst, a Ciccio Marchisio, a Landy Simón, al preparatore Merazzi e al "fisio" Frontaloni.

Nell'estate del 2019, con il Brasile conquistiamo la World Cup in Giappone vincendo undici gare su undici. La seconda stagione alla Lube si apre con un appuntamento importante: il Mondiale per club. Il torneo che sei mesi prima ha fatto vacillare tutte le mie certezze, rinverdendo quegli stessi fantasmi londinesi che ormai pensavo mi avessero abbandonato per sempre, ora è pura benzina. È l'obiettivo che mi fa spingere ogni giorno nella mia seconda stagione a Civitanova.

La novità più grande nella rosa è il cambio dell'opposto. Sokolov si trasferisce allo Zenit Kazan, e al suo posto arrivano da Monza l'iraniano Amir Ghafour e da Ravenna il lussemburghese Kamil Rychlicki.

Più si avvicina l'appuntamento, in programma dal 3 all'8 dicembre proprio in Brasile, a Betim, più la mia ambizione si trasforma in ossessione. Qualcosa di simile l'ho provato nei mesi di avvicinamento all'Olimpiade di Rio de Janeiro, quindi so che è fondamentale riuscire a gestire la pressione.

Nell'edizione 2019 del Mondiale per club partecipano quattro squadre: noi, i brasiliani del Sada Cruzeiro, i russi dello Zenit Kazan e i qatarioti dell'Al-Rayyan. Dopo essere arrivati primi nel gironcino dove tutte le squadre si affrontano le une contro le altre e aver battuto con un secco 3-0 l'Al-Rayyan in semifinale, raggiungiamo la finale contro i brasiliani, la squadra di casa.

Anche se Ghafour è indisponibile per infortunio e Rychlicki non è ancora al suo potenziale massimo, i problemi del passato sono ormai alle spalle: siamo una squadra solida che, nei momenti complicati, trova il modo di superare le difficoltà. Siamo un gruppo di giocatori esperti che hanno già vinto tanto e sanno come si fa. Quel giorno, poi, Juantorena e Leal sono letali.

Noi e il Sada ci spartiamo i primi due parziali (25-23, 19-25), poi troviamo dentro di noi la forza per chiudere il terzo set 31-29 dopo aver annullato una serie di set point avversari. È il *turning point* dell'incontro. Quando rientriamo dopo il cambio campo sappiamo che è il momento di azzannare la partita. È quello che facciamo: 25-21 e non c'è bisogno di tie-break.

Quando, dopo averci consegnato trofeo e medaglia, mi chiamano sul palco per assegnarmi il premio come miglior giocatore della competizione, so che non lo merito. È stato Leal il nostro trascinatore. Contro la sua ex squadra, per di più. Il mio pensiero va a quei momenti complicati del terzo set, quando lui mi guardava e con gli occhi sembrava dirmi: "Non ti preoccupare, questa partita la vinco io". Ho cavalcato questo stato d'animo, servendolo il più possibile, e alla fine l'ha davvero vinta lui, con ace e attacchi importanti che ci portano in dote venti punti. È per questo che non posso accettare il premio come miglior giocatore, perché quel premio è di Leal.

È tutto spontaneo: lo chiamo sul palco, gli dico: «Amico, questo è per te», e gli lascio il posto.

È il primo Mondiale per club per la Lube e lo è anche per me. Dopo un oro olimpico, un Mondiale, vari titoli sudamericani e altrettante World League con la nazionale, sei campionati brasiliani (a cui se ne aggiungerà un altro nel 2021), due italiani, una Champions League europea e un Sudamericano con le squadre di club, adesso, con questo titolo la mia bacheca è davvero completa. Quando quella sera, dopo essermi sciacquato il viso nel lavandino della mia stanza d'albergo, incrocio il mio riflesso allo specchio, quello che vedo è un enorme sorriso.

Il weekend del 22-23 febbraio 2020 si gioca la Final Four di Coppa Italia. Poco prima di andare insieme alla squadra a Bologna, dove si sarebbe disputato il torneo, prendo la decisione di tornare in Brasile per la stagione successiva. È una scelta dettata da ragioni "di famiglia": giocherò a Taubaté, una città a nord di San Paolo che si trova a solo un'ora e mezzo di distanza da Campinas, dove mamma ha bisogno di me per alcuni problemi di salute.

Dopo aver superato Trento, in finale ci aspetta Perugia, la rivale per eccellenza della Lube degli ultimi anni. I novemila spettatori dell'Unipol Arena sono un arcobaleno di colori e di passione. In campo va in scena una delle partite più emozionanti che abbia mai giocato, due ore e cinquantaquattro minuti che la fanno diventare la più lunga per durata in Italia (sarà superata due anni dopo da Milano-Cisterna di Superlega: due ore e cinquantacinque minuti). Andiamo sotto 1-0, passiamo avanti 2-1, mentre nel quarto set Perugia si impone 36-34. Nel tie-break esce tutta la forza di una squadra che è stata capace di superare i problemi dell'anno prima: la coppa la portiamo a casa noi.

Nella festa sul campo dell'Unipol Arena, il presidente Giulianelli mi abbraccia e prova a convincermi a riconsiderare il mio futuro.

«Bruno, cambia idea» mi dice. «Resta con noi.»

Gli sorrido e lo ringrazio, non rispondo subito.

«Allora?» mi incalza lui.

«Presidente, guarda che io sono sempre lo stesso giocatore che hai sgridato nelle riunioni di quest'inverno» gli rispondo.

Con uno sguardo ci capiamo. Con i suoi modi decisi e poco inclini ai compromessi, Giulianelli mi ha stimolato quando stavo toccando nuovamente il fondo: è anche merito suo se ne sono uscito.

«Devo tornare in Brasile» aggiungo poi. «La mia famiglia ha bisogno di me.»

Nel mondo Lube sono entrato timoroso, ho rischiato di perdermi, ma alla fine ne esco rinfrancato e più forte di prima. Qui ho conosciuto Fefè De Giorgi, un altro maestro capace di riaccendere la luce nella mia testa. Ancora una volta ho la conferma che sono due gli aspetti fondamentali a cui attaccarsi nei momenti di difficoltà: la dedizione e le persone. Il lavoro costante, che ti ridà le certezze perse o dimenticate, è la base per ripartire. Le relazioni con persone di valore sono la linfa che ci permette di crescere, arricchirci e migliorare. In questo credo, in questo non smetterò mai di credere.

11
La bandiera, il mio Paese

Quello che non so, mentre parlo con Giulianelli all'Unipol Arena, è che la Final Four di Coppa Italia sarà l'ultimo evento di pallavolo prima del lockdown imposto dalla pandemia da Covid-19, una pandemia che sconvolge il mondo. Dopo lo stop anticipato della stagione in Italia deciso l'8 marzo 2020, torno in Brasile, nella mia casa di Rio. C'è grande incertezza su qualsiasi aspetto della vita e, ovviamente, nessuno sa se l'Olimpiade si disputerà d'estate. Non posso fare altro che mantenermi in forma, farmi trovare pronto nel caso l'emergenza rientri.

Le sessioni di allenamento sono sospese, così come la possibilità di andare in palestra, dunque chiamo un personal trainer, Luis. Ci accordiamo per due sedute al giorno in call. Una volta sistemato il problema allenatore, devo recuperare gli attrezzi da palestra. La prima idea che mi viene in mente è chiamare Bernardo e spiegargli cosa mi serve.

«Presentati alla palestra dove sono socio e prendi quello di cui hai bisogno, poi ci penso io» mi risponde sicuro l'uomo che, da quando non è più il mio ct, è libero di essere solo un grande tifoso di suo figlio e del Brasile.

Il terrazzo di casa diventa la mia palestra durante il lockdown, il mio piccolo mondo creato in un periodo di vita sospeso e surreale. Due allenamenti al giorno con una parte aerobica e un'altra di pesi. Cerco di perdere il meno possibile la condizione durante la pandemia, un po' perché ho bisogno di lavorare per sconfiggere la solitudine dovuta all'isolamento, un po' perché la possibilità che alla fine l'Olimpiade si disputi c'è comunque.

Gli unici diversivi in questi mesi sono le visite a papà a Rio e a mamma a Campinas. In Brasile le restrizioni per il Covid sono meno dure rispetto a quelle approntate in Italia. Non c'è un vero e proprio lockdown, i locali pubblici sono chiusi ma ci si può muovere per andare a far visita ai famigliari. E quelle poche volte in cui mi trattengo da mia madre per qualche giorno il bagagliaio della mia auto è sempre stracolmo di attrezzi e di pesi. Mi riprometto ogni giorno di non abbassare la guardia.

Il sogno Olimpiade si interrompe a fine marzo. Thomas Bach, il numero 1 del Cio, il Comitato olimpico internazionale, annuncia il rinvio.

«La dinamica della diffusione del coronavirus ha stravolto la situazione e ci ha portato alla decisione dello spostamento dei Giochi al 2021...»

Sono chiuso nel mio appartamento mentre ascolto

le parole di Bach, ma la sua decisione non mi sorprende e non mi scoraggia. È la cosa giusta da fare. Nel 2021 sarò un anno più vecchio, questo sì, ma provo comunque a individuare il lato positivo dello slittamento: avrò dodici mesi in più per prepararmi e arrivare al top all'appuntamento con la mia quarta Olimpiade.

Nel frattempo, Bach continua il suo discorso. E quelle parole, fortemente evocative, mi caricano, dandomi sostegno e speranza, come atleta e come uomo.

«Non è mai stata un'opzione quella di cancellare l'Olimpiade. I Giochi saranno la più grande celebrazione dello sport per il ritorno alla vita del genere umano dopo la tragedia. Il fuoco olimpico farà luce dopo questo tunnel buio, di cui non vediamo ancora la fine.»

Quando spengo la tv, riprendo subito ad allenarmi, con ancora più vigore e intensità. Non posso fare altro, ma lo voglio fare al meglio.

La mia esperienza al Taubaté comincia ufficialmente ad agosto. È la quinta squadra con cui gioco in Brasile, ma la stagione 2020-2021 non sarà simile a nessuna di quelle affrontate in passato. È tutto difficile, fuori e dentro il campo. A causa delle restrizioni dovute al Covid fatico a conoscere la città e non riesco a instaurare una quotidianità. Anche in palestra viviamo una solitudine forzata, giocare senza pubblico negli impianti è surreale. Un vero peccato per questo club che ha sempre avuto una tifoseria calda.

La rosa è ricca di nazionali brasiliani. C'è Lucas,

con cui posso giocare a occhi chiusi e che ritrovo dopo l'anno del triplete a Modena e una stagione al Sesi. Ci sono Maurício Borges, Douglas e Maurício Souza, tre reduci dall'oro di Rio. E João Rafael, già visto in Italia a Molfetta e Sora, mentre al palleggio con me c'è quel Raphael che, tra il 2010 e il 2013, a Trento ha vinto tutto. In panchina ritrovo Carlos Weber, il mio primo allenatore tra i "grandi" all'Unisul, e Renato, il preparatore della nazionale. Insomma, la squadra è una fuoriserie costruita per vincere.

Capiamo subito che la stagione sarà una corsa a ostacoli: tra continui rinvii, spostamenti, stop agli allenamenti e una generale situazione di incertezza, a livello agonistico non è facile. E non lo è nemmeno a livello mentale. Ad ogni modo, nonostante i vari contrattempi, riusciamo a completare la stagione e ad aprile, a Saquarema, in una sorta di bolla, giochiamo le finali del campionato. Dopo aver faticato nei quarti – passiamo in tre gare contro Montes Claros – in semifinale superiamo Campinas (3-1 e 3-0), mentre in finale battiamo il Minas (3-2 e 3-0). È il mio settimo titolo brasiliano.

In quegli stessi giorni, sempre a Saquarema, è in programma anche l'inizio del lavoro per le nazionali maschili e femminili. In uno dei raduni, Renan, nostro ct da ormai quattro anni, ci comunica che le sue condizioni di salute non sono buone: non è una riunione vera e propria, è una telefonata che fa al gruppo mentre è in macchina con la moglie.

«Sono positivo al Covid» esordisce senza preamboli.

«Il decorso della malattia non sta andando bene, è molto aggressiva e il mio corpo non sta rispondendo come dovrebbe.»

Sono attimi carichi di tensione, nella stanza non vola una mosca.

«Devo essere ricoverato in una clinica di Rio, ci sto andando proprio adesso» ci dice Renan. «Ma voi non dovete preoccuparvi, ne uscirò più forte di prima.»

Io e i miei compagni siamo disorientati, incerti su che cosa fare e su come farlo. Abbiamo tutti in mente le immagini che ci hanno accompagnato nell'ultimo anno: le persone intubate, gli ospedali che non riescono a far fronte all'emergenza, la sofferenza, le morti...

Poco dopo, il 2 aprile, muore per complicazioni legate al Covid Jean Luc Rosat. Oltre a essere stato un campione brasiliano degli anni Settanta, uno del gruppo di Bernardo, era il mio padrino di battesimo. Ci ero molto legato, era una persona importante per me, un riferimento, uno di quelli su cui sapevo di poter contare. Sono giorni di paura e impotenza, il Covid non fa sconti e non guarda in faccia nessuno.

Durante la settimana di riposo alla fine del campionato brasiliano, veniamo continuamente aggiornati sulle condizioni di Renan. Le notizie che arrivano non sono buone: in ospedale non sta andando bene, viene intubato. All'inizio del ritiro a Saquarema, ho la sensazione di essere sulle montagne russe. In palestra cerchiamo di fare tutto come al solito, ma l'assenza della nostra guida, del nostro condottiero, è pesante come un macigno. Lo sguardo mi cade sulla panchina vuota molto più di quanto mi riprometto di fare. Ogni giorno, alla fine dell'allenamento, ci aggiornano sulle sue condizioni, siamo tutti molto preoccupati.

Nello spogliatoio il silenzio, semplicemente, parla. Ognuno di noi è sommerso da pensieri pesanti, è come se il gruppo avesse voglia di condividere il proprio stato d'animo ma non riuscisse a trovare le parole per farlo. Il futuro, per tutti, è pieno di dubbi e di domande, ognuno perde un po' di certezze.

Il primo appuntamento della stagione, la Nations League, è alle porte, e noi dobbiamo trovare il modo di affrontarla con la carica e la cattiveria giuste. In momenti come questi, quando qualcuno di vicino lotta tra la vita e la morte, lo sport è naturalmente qualcosa di piccolo, quasi insignificante, ma affrontare le partite con la giusta concentrazione è l'unica cosa che in questo momento possiamo fare per il nostro allenatore. Da capitano, tocca a me prendere la parola.

«Siamo qui per preparare un'estate importante. Nations League, Olimpiade e poi Sudamericano» dico cercando di calibrare ogni singola lettera. «L'Olimpiade è il pensiero fisso di Renan, è quello che ha sempre sognato. Dobbiamo prepararci al meglio anche per lui. Glielo dobbiamo.»

E alla fine Renan esce dall'ospedale poco prima della partenza per la Nations League di Rimini: è la nostra prima vittoria dell'estate, sicuramente la più importante. Una volta guarito, deve rimettersi in forze e trascorrere un periodo di convalescenza, dunque non ritorna subito in gruppo. È però sempre in contatto con noi attraverso le videochiamate.

Ci guida così alla Vnl, un'esperienza a dir poco particolare: un mese in una "bolla", un tempo che si dilata all'infinito fatto solo di volley, oltre a una manciata di mezz'ore d'aria sulla riviera romagnola. La vittoria del torneo la dedichiamo a Renan, il nostro ct, che ha lottato contro la morte e ha vinto la sua battaglia. Nel weekend conclusivo battiamo prima la Francia 3-0 in semifinale, poi la Polonia 3-1 in finale, siamo forti e siamo in grande forma, pronti per i Giochi.

In quell'anno e mezzo pandemico ho scoperto un'accezione del significato di "resilienza" che in passato non avevo quasi mai considerato. Fino a quel momento avevo sempre pensato a una squadra resiliente, un gruppo resiliente, mai a un individuo solo. Il lockdown, la chiusura anticipata della stagione 2019-2020, quella successiva ripartita a singhiozzo e senza pubblico, il dolore e la paura portati da quel maledetto virus, invece, mi hanno fatto capire che anche il singolo può e deve trovare dentro di sé la forza e l'energia per reagire.

«Bruno, sarai il portabandiera del Brasile all'Olimpiade di Tokyo.»

È metà luglio e mi trovo nel centro sportivo che, alla vigilia dei Giochi, è diventato il nostro quartier generale, condiviso con le due selezioni di pallamano e con i pugili. Davanti a me ci sono il ct Renan Dal Zotto, ormai pienamente ristabilito, e Jorge Bichara, direttore del Comitato olimpico brasiliano. È quest'ultimo a pronunciare le parole che ho appena ascoltato ma che non riesco a processare davvero.

Io, portabandiera del Brasile?

«Sarai il primo pallavolista nella storia del nostro Paese a ricoprire questo ruolo» interviene Dal Zotto, visibilmente emozionato.

Il Covid ha cambiato le nostre vite, ci ha reso diversi, ma non per questo meno sensibili o entusiasti. L'annuncio mi spiazza e mi riempie di enorme orgoglio. Mi commuovo, sono felice come un bambino: è un riconoscimento per me, certo, ma soprattutto per tutto quello che la pallavolo ha dato al Brasile. È un premio alle generazioni di campioni che hanno lavorato per far diventare questo sport uno dei più importanti del nostro Paese.

«Insieme a te ci sarà Ketleyn Lima Quadros» riprende il presidente dopo avermi lasciato il tempo di metabolizzare l'annuncio.

La scelta di Ketleyn non mi stupisce, è un'istituzione. Con il suo bronzo nel judo a Pechino 2008, è stata la prima donna brasiliana a vincere una medaglia in uno sport individuale. Che possa essere proprio io ad affiancarla, è qualcosa di assolutamente inaspettato.

Poco dopo, leggo il messaggio social con cui la federazione brasiliana di pallavolo annuncia, con toni trionfali, la scelta:

> Che orgoglio!! È la pallavolo!! Siamo noi a portare la bandiera del Brasile!! Complimenti, Bruninho!! Sei il simbolo di tutto ciò che il volley brasiliano rappresenta per tutti noi!!

Non posso fare a meno di sorridere e di ripensare a Wallace, a quello che gli ho detto nell'aeroporto polacco dopo il secondo posto nella World League, alla vigilia dei Giochi di Rio 2016: «Il momento arriverà. Sono certo che c'è qualcosa per noi. Adesso è nascosto, non lo vediamo, ma c'è. Dobbiamo credere in questo». Se allora mi avessero detto che questo "qualcosa" significava rappresentare il Brasile nell'evento sportivo più importante del mondo, be', non ci avrei creduto.

Ho un legame viscerale, totalizzante, con il mio Paese. Giocare con questa maglia, guardare e ascoltare il pubblico che canta l'inno a cappella prima di un match, è qualcosa di indescrivibile. E, quando vinco, da sempre, la bandiera la porto immancabilmente con me, sul podio, ovunque, è un po' come portare le persone care insieme a me per condividere la gioia del momento.

La partenza per Tokyo arriva veloce. Il giorno della cerimonia inaugurale, una marea di emozioni si susseguono dentro di me, la grande gioia si mescola al rammarico di non vedere il pubblico sugli spalti e di non avere gli altri atleti brasiliani al fianco mio e di Ketleyn. Per proteggere gli sportivi dai rischi legati al contagio, la Federazione brasiliana ha infatti deciso di consentire la partecipazione alla sfilata solo ai due portabandiera, oltre al capo missione e a un dirigente. Ma non importa: quella cerimonia è il primo bagliore di speranza, uno spiraglio di ritorno alla normalità. E io sono lì, a rappresentare il mio Paese, il mio popolo.

Mentre sfilo con la bandiera in mano, il mio pensiero corre in mille direzioni. E alla fine arriva a quando, da bambino, fantasticavo di vestire la maglia della nazionale, a quando sognavo di ripercorrere le orme di mio padre e di vincere una medaglia olimpica... Ma mai, neanche nei miei sogni d'infanzia più sfrenati, ho fantasticato di vivere un privilegio così grande.

Quella sera, fatico a prendere sonno. La mia camera al villaggio olimpico, il luogo dove nove anni prima, a Londra, ho sofferto in silenzio per la finale persa, quello dove, a Rio, ho coccolato la medaglia d'oro, adesso diventa uno spazio aperto da cui dialogare e confrontarmi con il mio Paese.

"Siamo orgogliosi di te."

"Non c'era atleta migliore che potessero scegliere per portare la nostra bandiera."

"Un onore meritatissimo!"

Leggo questi e un'altra infinità di messaggi che mi arrivano sul cellulare e scoppio a piangere di gioia e commozione. Sì, diciamo che questa Olimpiade non poteva iniziare in modo più emozionante. Percepisco la gratitudine della mia gente. L'umiltà, il lavoro, mettere il gruppo sempre al primo posto... Quella sera, capisco che i valori attorno ai quali ho costruito la mia carriera sono arrivati al cuore dei brasiliani. Sono i valori che mi hanno insegnato i miei genitori e tante persone con le quali ho condiviso il mio pezzo di strada. Sono loro che ringrazio in silenzio, a loro va il mio pensiero mentre sono da solo nella mia camera, in una serata che non dimenticherò.

Dopo quel turbinio di emozioni, finalmente inizia il torneo olimpico. Ci arriviamo con tantissime tensioni, dopo il successo in Nations League ci caricano e ci carichiamo di una marea di responsabilità. Siamo abituati ad averla, ma ai Giochi tutto è maledettamente più complicato.

Nel girone il nostro gioco e il nostro rendimento non sono brillanti, ma riusciamo comunque a chiuderlo al secondo posto, dietro la Russia (da cui subiamo una netta sconfitta). Ai quarti, alziamo l'asticella e regoliamo i padroni di casa del Giappone con un convincente 3-0. In semifinale ci aspetta di nuovo la Russia, una grande classica delle Olimpiadi: finale 2012, semifinale 2016, e ora un altro match per arrivare a giocarsi l'oro.

Ci prepariamo alla partita sicuri di vincere, convinti delle nostre possibilità. Ma allo stesso tempo siamo consapevoli che quella da cui usciamo è stata una stagione fisicamente e mentalmente lunga, logorante, infinita, e in Giappone siamo arrivati oggettivamente stanchi. Il gruppo c'è, ma si intravedono problemi che, a differenza di Rio, non riusciamo a superare. Non c'è il discorso da fratello maggiore di Sérgio, non c'è la cena con le famiglie alla vigilia della sfida da dentro o fuori con la

Francia, due momenti che nel 2016 hanno cambiato il nostro cammino. Qualche incomprensione, qualche non detto di troppo sicuramente non aiutano.

Al di là di questo, alle Olimpiadi, ancora più che in altri appuntamenti, conta molto il momento. Il nostro attimo fuggente contro la Russia arriva nel terzo set. Dopo aver vinto il primo e perso il secondo, abbiamo l'occasione di portare definitivamente l'inerzia della partita dalla nostra parte. Siamo avanti 20-14, poi 23-19. Ma non riusciamo a chiudere. Quando perdiamo il parziale 24-26, la partita è definitivamente scivolata dall'altra parte della rete. Finisce 3-1.

Resettare tutto e presentarsi in campo contro l'Argentina per l'incontro che vale il bronzo non è facile. Cerchiamo di parlare tra noi con l'obiettivo di trovare le energie giuste, ma alla fine la medaglia ci sfugge per due miseri punti: 3-2, 15-13 al tie-break. Un risultato difficile da accettare in un'Olimpiade che ancora oggi fatico a digerire. La mia prima senza una medaglia.

Se è semplice capire che cos'è successo (ci siamo e mi sono fatto sopraffare da un'eccessiva tensione), non altrettanto facile è farsene una ragione. Credo di essermi caricato di troppe responsabilità e questo stato d'animo non mi ha fatto giocare con la testa libera. Ma alla fine sono gli episodi che cambiano la storia. La pallavolo è fatta così, lo sport è fatto così, composto di attimi. Nel terzo set una difesa senza muro del libero russo ha girato l'inerzia della semifinale e mandato all'aria tutti i nostri sogni e il nostro lavoro di mesi. Così, *puf*, in un attimo è svanito tutto, e quell'attimo lo ricorderai ogni volta che ripenserai a Tokyo 2020, giocato nel 2021.

Quando lascio il villaggio olimpico, ripenso a tutto quello che è successo e mi rendo conto che i social network sono diventati troppo importanti, per troppi di noi. Abbiamo speso tante energie per leggere i commenti su Facebook, Instagram, Twitter, distogliendo così il focus dalla cosa più importante: la squadra e quello per cui eravamo a Tokyo, ovvero confermarci campioni, dimostrare di essere i più forti. Complice l'anomalia di un'edizione a cinque cerchi costretta a convivere con l'emergenza Covid, ci siamo chiusi troppo spesso nelle rispettive stanze. Abbiamo comunicato poco tra noi, non abbiamo vissuto appieno il momento, il qui e ora, non siamo entrati del tutto nel "flow" del torneo.

Anche una volta a casa, in Brasile, continuo a prestare un'attenzione eccessiva ai social. Leggo che cosa viene scritto di noi, di me, un pensiero costante che mi toglie forze mentali. Un aspetto che nelle tre edizioni precedenti non ho vissuto.

«Ragazzi, non voglio più vivere un altro torneo così» dico a Lucas e Lucarelli, quando ci confrontiamo insieme su quello che è successo. «Troppe tensioni, troppe ansie, ci siamo caricati di troppe responsabilità e non ci siamo goduti praticamente nulla.»

Entrambi sono d'accordo con me. Anche loro capiscono che così non solo non ci si diverte, così non si vince.

Finire la stagione in questo modo rappresenterebbe una sconfitta. Per fortuna, abbiamo modo di giocarci una piccola rivincita appena un mese dopo. La prima settimana di settembre, infatti, disputiamo la finale del Sudamericano contro quella stessa Argentina che ci ha privati del bronzo all'Olimpiade. Abbiamo troppa fame: finisce 3-1 per noi. Due successi su tre manifestazioni sarebbe un bilancio ottimo, eppure la delusione dell'Olimpiade non si cancella facilmente. Ma di una cosa sono certo: la medaglia mancata in Giappone sarà la benzina che mi spingerà verso la mia quinta Olimpiade, verso Parigi 2024. Ci sono frustrazioni che, invece di farti mollare, ti danno la carica.

12
Il Tempio ha di nuovo il suo capitano

«Bruno, io ho deciso. L'anno prossimo torno e mi piacerebbe tantissimo che ci fossi anche tu!»

Per raccontare la stagione successiva, la 2021-2022, bisogna fare un salto indietro nel tempo e andare a questa telefonata di Earvin Ngapeth, uno dei miei fratelli acquisiti. È di nuovo gennaio 2021, l'Olimpiade è all'orizzonte e io gioco con il Taubaté, in Brasile. È l'anno in cui sono più i tamponi rapidi delle esultanze sotto rete.

«Che ne dici?» mi incalza Earvin. «A te non manca Modena?»

Certo che mi manca, è un vero e proprio luogo del cuore. L'ultima volta me ne sono andato come un figliol prodigo, provato da una stagione ricca di incomprensioni. Durante la telefonata con Ngapeth rivivo, in dieci secondi, tutta la mia Modena. Mi scorre davanti agli occhi la prima cena con Daniele Bagnoli che mi guarda sbigottito per il mio appetito, ripenso al confronto notturno con lui in un parcheggio di autogrill. E poi sorrido al ricordo del triplete con Lorenzetti, del primo allenamento con Earvin e quell'intesa con lui scattata al primo sguardo. Ovviamente, non posso dimenticare la ferita della stagione 2017-2018, non doveva andare così.

«Ci penserò, Earvin» dico, la cosa mi affascina moltissimo, è innegabile.

Sapere che Earvin tornerà a Modena è una di quelle notizie che spostano equilibri e intenzioni, eccome se li spostano. Modena ed Earvin, insieme, di nuovo, nel bene e nel male. È da tre anni, da quel maledetto passaggio a vuoto, che penso al modo per cancellare la delusione della mia ultima stagione emiliana. Merito, meritiamo, una nuova occasione.

Nei mesi successivi mi arrivano offerte da parte di due club russi ma io quasi non le ascolto, ho la testa già proiettata verso la mia seconda casa, dove arriverò subito dopo la brutta esperienza olimpica di Tokyo. Terminata l'estate con la nazionale, ho pochissimi giorni per calarmi nella nuova realtà, e lo stesso è anche per i miei compagni impegnati nell'Europeo concluso con la vittoria dell'Italia.

Il mercato di Modena non si esaurisce con me ed Earvin. Torna anche Rossini, il libero del triplete, che nell'ultimo anno ha giocato a Trento. Ma soprattutto vengono messi a segno due colpi che fanno sognare i tifosi: il mio compagno di nazionale Leal, con cui ho vinto anche con la maglia di Civitanova, e Nimir Abdel-Aziz, l'opposto olandese che da anni fa valanghe di punti in Superlega con le maglie di Milano e Trento. Le aspettative sono altissime, non può essere altrimenti.

Iniziamo il campionato con una pressione pazzesca e, come spesso accade in casi come questi, facciamo una gran fatica. Dopo aver perso la gara d'esordio a Monza, rimaniamo fermi per due weekend, perché nel successivo abbiamo il turno di riposo e in quello dopo ancora c'è la Final Four di Supercoppa, dove, per i risultati della stagione precedente, non siamo qualificati. Il tutto si traduce in venti giorni consecutivi senza giocare – un'infinità –, un lasso di tempo che moltiplica le aspettative nei confronti della squadra senza darci la possibilità di scaricare la tensione sul campo.

A fine novembre, con il successo contro Trento iniziamo una striscia di vittorie che apparentemente riporta la serenità giusta per continuare al meglio il lavoro iniziato. Con coach Giani parliamo tanto, in questo periodo, è una persona e un professionista che stimo molto, uno vero, un vincente da giocatore che prova a trasferire questa sua filosofia anche da allenatore.

Ma quelle stesse nubi minacciose che si sono addensate a inizio stagione intorno al PalaPanini scaricano tutta la loro potenza a metà gennaio, quando in un'unica settimana svaniscono due obiettivi stagionali. Nell'andata degli ottavi di Coppa Cev perdiamo a Tours 3-1, interrompendo la striscia di tredici vittorie consecutive. Quattro giorni dopo, perdiamo con lo stesso punteggio anche contro Piacenza nella gara unica di Coppa Italia che ci preclude l'accesso alle Final Four. Mentre il mercoledì successivo non riusciamo a ribaltare in casa il risultato contro il Tours: vinciamo solo 3-2 e salutiamo l'Europa.

Sono due mazzate clamorose, di quelle che lasciano senza fiato e parole. Non c'è sconfitta più pesante di quella che arriva quando hai appena perso. Mi sembra di rivivere l'incubo olimpico di qualche mese prima, con la sconfitta in semifinale e il ko nel match per il bronzo. Io per primo ricevo delle critiche, in giro c'è chi dice che sono un "giocatore bollito".

La settimana delle sconfitte porta la società a mettere in discussione il coach e lo staff. Noi atleti cerchiamo in ogni modo di "difenderli", ci riuniamo, facciamo quadrato, siamo sicuri che la crisi dipende da noi, di certo non da Giani. Il fatto che ci fossero già state, nei mesi precedenti, alcune voci su un possibile cambio in panchina non ha fatto bene a nessuno, facendoci sentire ancora più sotto pressione.

L'incertezza sull'allenatore non è l'unico aspetto che appesantisce il clima. Cominciano a uscire anche voci sempre più insistenti sui problemi economici della società. La doppia eliminazione è un grosso contraccolpo anche in termini di sponsorizzazioni.

Il problema è che la mancanza di serenità fa entrare in una spirale tossica che ti schiaccia e rende tutto più difficile, i sorrisi in palestra si fanno più tirati.

Io sono più forte di qualsiasi ostacolo, io sono più forte di qualsiasi ostacolo...

Lo ripeto durante la meditazione, lo ripeto in allenamento, lo ripeto in partita. Ma le giornate restano difficilissime, giustamente ci fischiano anche i nostri tifosi. Vogliamo mangiare gli avversari, vogliamo farlo al primo attacco, non c'è la pazienza necessaria. E tutto questo non fa altro che peggiorare le cose: ci complichiamo la vita da soli. Io per primo cerco di strafare, provo a tenere il gruppo lontano dai problemi, a fare da schermo, ma non ci riesco.

Mi sfogo con Giuliano: «Mi sento con un peso enorme addosso, voglio risolvere la situazione, ma più ci provo più fatico».

La sua risposta è chiara: «Bruno, stai ricadendo nel solito errore. Non puoi controllare tutto, non puoi pensare di essere tu a risolvere ogni cosa». E ancora: «Ricordati del qui e ora, ricordati che ognuno ha il proprio percorso e le proprie convinzioni. Non sei onnisciente, sei un uomo, un atleta, non pretendere troppo da te stesso».

Decidiamo di chiuderci a riccio, squadra e staff. C'è rimasto un solo obiettivo: la corsa scudetto, e cerchiamo di farci trovare pronti. Dopo aver chiuso la regular season al quarto posto, il nostro percorso ai playoff inizia contro Milano. Chiudiamo la serie in due partite, in semifinale troviamo ad aspettarci Perugia (che ha eliminato senza problemi Cisterna): è una corazzata, l'anno precedente è arrivata alle semifinali di Champions League, ha vinto la Supercoppa italiana e si è arresa solo alla Lube in finale playoff.

Ci presentiamo in Umbria in stile Davide contro Golia, ma siamo assolutamente consapevoli della nostra forza. Possiamo perdere, ma prima che succeda daremo tutto. E partiamo con la consapevolezza di essere gli unici ad aver fermato la Sir in stagione, nel loro fortino del PalaBarton. Gara-1 è intensa, ricca, piena. Giochiamo alla grande e facciamo andare in crisi León e compagni, li mettiamo alle corde e vinciamo 3-1 con una prestazione di altissimo livello.

A fine gara, però, succede quello che nessuno si aspetta. Leal, durante i saluti finali, scatta verso il campo avversario e se ne va dritto da Dragan Travica, il palleggiatore di Perugia che lo ha più volte provocato durante il match. Scoppia un gran casino, si crea un capannello, vola qualche parola di troppo, gli animi si scaldano. E alla fine Leal molla un calcio a Travica. La situazione si fa ancora più complicata, e mentre tutti litigano con tutti, io capisco che il nostro mood risentirà di ciò che è successo. Eccome.

Non avevo mai visto Leal perdere la testa, lo conosco da anni e ancora oggi non mi spiego la sua reazione. Non lo giudico, non mi permetto di farlo, noi gli stiamo vicini, consapevoli di quello che sta passando, ma il suo gesto ci costerà caro. Sappiamo tutti che verrà squalificato, si tratta solo di capire quante partite sarà costretto a saltare. In pullman, di ritorno a Modena, il clima è surreale: siamo carichi per la vittoria, ma con l'amaro in bocca per il post-match.

Non sarà semplice sostituirlo: Yoandy è uno degli schiacciatori più forti del mondo, uno dei perni su cui abbiamo costruito l'intera stagione. Non averlo è una perdita importante perché può fare la differenza in qualsiasi tipo di partita e contro qualsiasi avversario. Al suo posto, giocherà Maarten van Garderen, schiacciatore olandese con una lunga militanza in diversi club italiani. So che si farà trovare pronto.

La comunicazione del giudice sportivo ci mette pochi giorni ad arrivare: «Leal Hidalgo Yoandy (Leo Shoes Modena): squalifica per quattro giornate per aver, a fine gara, colpito un atleta avversario con un calcio e per averne successivamente spintonato un altro».
La società presenta subito il ricorso, l'obiettivo è ridurre l'entità della sanzione. Mentre aspettiamo l'esito, arriva il momento di gara-2. Siamo vivi, abbiamo il fuoco dentro, ma perdiamo in casa 3-1 e la serie torna in parità.

Il giudice sportivo si pronuncia il 20 aprile, il giorno stesso di gara-3. Lo fa con una lunga sentenza che culmina con queste parole:

> [...] La Corte Sportiva di Appello, in parziale accoglimento del reclamo proposto, dispone di ridurre a 2 (due) giornate di squalifica la sanzione inflitta all'atleta Hidalgo Yoandy Leal.

Significa che scendiamo in campo con la certezza che la serie non si chiuderà senza Leal, che sarà di nuovo disponibile per gara-4. Forse è anche grazie a questo che quel giorno veniamo a capo di una partita incredibile. È una delle gare più intense che io abbia mai giocato, una guerra che ci prosciuga mentalmente e fisicamente, ma che alla fine portiamo a casa al tie-break.

Adesso conduciamo la serie 2-1, ci giochiamo gara-4 in casa, con il PalaPanini pronto a farsi sentire, e ritroviamo Leal al rientro dalla squalifica. Siamo certi che sarà lui il nostro uomo in più.

Ci sbagliamo.

Yoandy gioca solo a tratti perché ha un problema al ginocchio, e alla fine viene sostituito dal solito Van Garderen, che già a Perugia era stato sontuoso. È un'altra maratona, un tie-break tiratissimo che perdiamo dopo un doppio ace di León, il fenomeno cubano naturalizzato polacco. In spogliatoio, ripenso al match e capisco di aver sbagliato a insistere troppo su Leal, cercando in ogni modo di farlo entrare in partita.

La serie torna in parità, la sfida decisiva la giochiamo a Perugia. Dove Leal non si alza nemmeno dalla panchina, a causa dell'infortunio. Prima dell'inizio dell'incontro lo guardo, mi aspetto che ne approfitterà per dire qualcosa in questo momento fondamentale, per caricarci ulteriormente vista l'impossibilità di scendere in campo. Non accade.

Entriamo in un PalaBarton che è una bolgia. Nonostante la vittoria del primo set, i nostri avversari ci mettono presto in un angolo. E ce le suonano.

La stagione finisce con questo 3-1 e con tanti, troppi, rimpianti.

Nel mese successivo, quando sono già in Brasile per preparare l'estate con la nazionale, l'incertezza societaria di Modena si acuisce. Io seguo le voci da lontano, finché non mi arriva una telefonata dal dg Sartoretti.

«La trattativa per il passaggio di proprietà tra Catia Pedrini e l'imprenditore Giuseppe Vinci è saltata» mi comunica. «Non è una cosa che avrei mai voluto dire... ma siete tutti liberi di cercarvi un'altra squadra.»

Per un giocatore di pallavolo non è facile trovare a maggio una nuova destinazione per la stagione successiva. Quasi tutte le squadre a quel punto hanno già completato la rosa. Nonostante questo, decido di restare sereno e aspettare che la situazione si sblocchi. Addirittura, scherzo al telefono con il mio procuratore.

«Guiga, non ti preoccupare, al massimo mi prendo un anno sabbatico» rido con lui. «Giocherò a beach volley.»

Lui riattacca senza nemmeno rispondere.

Ma a volte succede che le cose si aggiustino da sole, e in quei casi è sufficiente aspettare con la giusta disposizione d'animo. Qualcosa dentro di me mi dice che non è ancora stata scritta l'ultima parola, che la mia avventura con Modena non è giunta ai titoli di coda. Passano tre giorni, ricevo un'altra telefonata.

«Sono Giulia Gabana» sento dire all'altro capo. Giulia è da quattro anni la vicepresidente di Modena. «La società passa a me e alla famiglia Storci, siamo pronti a una grande sfida. E la nostra idea è quella di ricominciare da te e da Earvin.»

La nuova presidente continua a parlare, raccontandomi le sue idee e le sue ambizioni per la prossima stagione, ha una grande carica, che mi trasmette in pieno.

«Giulia, sono contento di restare a Modena» le rispondo, senza chiedere troppe specifiche. «E sono onorato che mi abbiate scelto, insieme a Ngapeth, come punto fermo da cui ripartire.»

Quando metto giù il telefono, capisco di essere felice. Davanti ho una storia gialloblu tutta da scrivere.

13
Un bronzo tutto d'oro

Caduto il mio ultimo pallone della Superlega italiana nella semifinale playoff contro Perugia il 28 aprile, faccio i bagagli e torno in Brasile. Dieci giorni dopo, sono già in palestra a Saquarema: l'8 giugno è in programma l'esordio in Nations League. Non mi fermo mai, non ci fermiamo mai. Certo è pesante, ma è anche l'unica vita che conosco.

Che cosa succederà quando smetterò di giocare?

A volte me lo chiedo in questi giorni di tarda primavera, quelli che mi condurranno alla sedicesima estate e al quarto Mondiale della mia carriera.

Che cosa significa fermarsi per più di una settimana?

Che cosa fa la gente normale quando non si allena?

E io... che cosa farò?

Scelgo di rimandare ancora una volta il momento delle risposte e di concentrarmi solo sul Brasile e sugli impegni che mi si aprono davanti. Nonostante il ricambio generazionale in corso, i tifosi si aspettano da noi una reazione forte dopo il passo falso dell'Olimpiade. Tanto più se si pensa che arriviamo alla rassegna iridata con una striscia aperta di cinque finali consecutive nella manifestazione. È una situazione che mi stimola, mi regala enorme entusiasmo. Da capitano, sono pronto a respirare a pieni polmoni la leggerezza che possono trasmettermi i più giovani, come lo schiacciatore Adriano Xavier e l'opposto Darlan. Già, i giovani. Dopo i Giochi di Tokyo, prima del Sudamericano, avevo chiamato Cachopa e Isac per spiegare che questa nazionale aveva bisogno di nuovi leader, non solo tecnici, di giocatori che inizino ad affiancarsi a me, Lucas e Lucarelli alla "guida" della squadra. Ero sicuro potessero essere loro due le persone giuste, e lo sono ancora di più oggi.

Continuiamo ad allenarci a Saquarema. Bastano due settimane di lavoro per rendermi conto che della leggerezza sperata non c'è nemmeno l'ombra. Dopo aver perso la prima amichevole contro il Giappone, giocata a Brasilia, percepisco una grande tensione serpeggiare tra lo staff.

La situazione è già questa dopo così pochi giorni? Non può essere, così non ci siamo...

Capisco di dover provare a fare qualcosa per alleggerire il clima, dunque il giorno dopo riunisco tutta la squadra.

«Ragazzi, restiamo sereni» comincio. «Dobbiamo lavorare ogni giorno e credere nel processo di crescita quotidiano. Arriveremo al top quando conta, non facciamo diventare una tragedia la prima sconfitta di questa lunga estate. Lavoriamo con grinta e allegria.»

È un discorso semplice ma di cui sono convinto:

il Mondiale inizierà alla fine di agosto, il nostro compito, in questi mesi, deve essere quello di imparare a conoscerci in campo e, soprattutto, gestire le energie. L'obiettivo è e deve rimanere il Mondiale: tutto il resto è solo preparazione.

I compagni comprendono il messaggio. L'impressione, netta, è che invece lo staff non colga il mio tentativo di stemperare il clima. Credo che la tensione del ct Dal Zotto e dei suoi sia legata alla mancata medaglia alle Olimpiadi di Tokyo, si portano dietro la necessità di fare risultato. Forse con il podio ai Giochi il clima sarebbe stato più tranquillo, non è così.

Qualche giorno dopo è in programma il secondo test, sempre contro il Giappone. È una serata particolare perché la partita è stata organizzata per celebrare il trentennale del primo oro olimpico, quello di Barcellona 1992. Viene anche trasmessa in diretta tv su Globo. Vinciamo 3-2 dopo una maratona di due ore e mezzo, l'entusiasmo e i festeggiamenti del pubblico attorno a noi sembrano quelli che si riservano per la vittoria di un Mondiale.

Io predico calma, so che nel percorso di costruzione di una squadra non si possono compiere passi più lunghi della gamba. Non bisogna né esaltarsi con le vittorie né deprimersi per le sconfitte. Infatti arriva la prima tegola: Lucarelli ha un risentimento muscolare e salterà le prossime partite; Leal è ancora fermo per l'infortunio subito a Modena. Ora ne sono assolutamente certo, non sarà un'estate serena.

La prima settimana di Nations League la giochiamo proprio a Brasilia. I risultati sono altalenanti (vinciamo contro Australia e Slovenia, perdiamo contro Cina e Stati Uniti) e i nostri tifosi appaiono delusi. Ma il fatto più preoccupante è un altro: Renan e il suo staff si affidano spesso agli stessi giocatori, c'è pochissimo respiro per i titolari e, pensando a quanto sarà impegnativa e lunga la competizione, inizio a preoccuparmi.

All'inizio della seconda settimana, per la quale voliamo in Europa, a Sofia, decido di confrontarmi con lo staff. «La nostra estate è appena cominciata e attorno a noi c'è troppa tensione» dico. «Perché non proviamo a vivere con più serenità questa fase?»

L'interpretazione delle partite non cambia, come non cambia il fatto che le giocano quasi sempre gli stessi. Dopo aver vinto contro una Serbia che schiera molte riserve (come le altre squadre del torneo), nella mia testa comincia a prendere forma un sentimento strano, una preoccupazione che risuona come un presentimento.

Quella sera, ne parlo in camera con Lucas, Lucarelli e Flávio. «Se continuiamo così c'è il rischio che chi non gioca perda motivazione, non abbia gli stimoli giusti.»

«E giocando quattro partite a settimana rischiamo di farci male» risponde Lucarelli, che infatti non ha ancora smaltito l'infortunio. «A quel punto al Mondiale dovranno giocare gli altri per forza... Solo che non saranno pronti.»

«Esatto» annuisco io. «Dopo cena, vorrei parlarne con il coach.»

«Veniamo con te, Bruno» mi rispondono Lucas e Lucarelli, quasi all'unisono.

Quando arriviamo, Dal Zotto è insieme ai suoi vice, Tabach e Schwanke.

«Nel gruppo ci sono giocatori in grado di poter entrare e far rifiatare quelli tra noi che giocano più spesso» esordisco senza nascondermi dietro a mezze parole. «A cominciare da Isac al centro, anche Cachopa come palleggiatore è in grado di sostituirmi. Capiamo che c'è l'assillo di non fallire, di ottenere un risultato importante, ma perché non proviamo a coinvolgere tutti?»

Il confronto è sincero, non c'è tensione anche perché noi giocatori capiamo il punto di vista dello staff.

La risposta di Dal Zotto non lascia molti spiragli aperti. Il coach ci spiega che sia Cachopa sia Isac non sono al top fisicamente e che gli altri hanno poca esperienza, che comprende le nostre preoccupazioni ma al momento è difficile fare diversamente.

Non mi arrendo. «Renan, parla con loro» gli dico. «Fagli capire che sono importanti per il progetto, coinvolgili.»

Il coach è una persona molto aperta, disponibile al dialogo e al confronto, è uno dei suoi più grandi pregi, ma questo è un momento oggettivamente molto delicato. L'importanza di ottenere risultati immediati prevale sulla necessità di far crescere il progetto e di investire sui giovani. È comprensibile: l'ultima volta che il Brasile è rimasto fuori dal podio iridato era addirittura un altro secolo e alcuni dei miei compagni di squadra nemmeno erano nati… Il quarto posto all'Olimpiade lo ha caricato di una pressione che cresce match dopo match.

Il giorno dopo questo confronto, il 24 giugno, succede esattamente ciò che temevo: nel corso della partita contro l'Iran si fa male Alan, il nostro opposto titolare, il bomber che alla World Cup 2019 ha vinto il titolo di mvp del torneo. La diagnosi arriverà più avanti e sarà molto pesante: rottura del tendine d'Achille.

Io sulle prime resto di ghiaccio, poi mi incazzo e scappo via appena finito il match. Sono dispiaciutissimo per lui. Una volta nello spogliatoio, lo abbraccio. Poi crollo in un pianto nervoso e prolungato: tutta la tensione che sento attorno a me da oltre un mese alla fine mi ha raggiunto, e l'ha fatto tutta in una volta.

Lucas, che si è a sua volta infortunato, ma nel match contro la Serbia, mi guarda piangere, seduto nello spogliatoio mentre osservo sperduto il vuoto, e quando torniamo in camera prova a tranquillizzarmi.

«È durissima così…» gli rispondo. «E non so come farò nel prossimo mese, guarda come sono già ridotto.»

Davanti a me e alla squadra ci sono quaranta giorni lontano da casa, con continui trasferimenti in giro per il mondo. Mi spaventano perché non mi sento né lucido né sereno. La stanchezza, non solo fisica, sta prendendo il sopravvento. C'è un filo rosso che unisce la stagione di Modena e quella in nazionale: la mancanza di serenità a causa della necessità di ottenere risultati immediati. In Emilia con la società che preme per fare presa sugli sponsor, in Brasile con i media pronti a sottolineare ogni insuccesso.

Ma l'urgenza più impellente è di natura tecnica. Ci arriva la conferma, ahimè scontata, di quello che tutti noi temevamo: Alan non potrà partecipare al Mondiale. Quando lo scopro, stringo i denti ripensando al nostro abbraccio in spogliatoio: non c'è niente di più brutto di essere costretti a saltare una competizione così importante a causa di un infortunio. A tutti viene spontaneo pensare all'eterno Wallace, il bomber protagonista dell'oro di Rio, che ha lasciato la nazionale dopo l'Olimpiade di Tokyo per poter dedicare più tempo alla famiglia.

Lo chiamo, insieme a Lucas e Lucarelli: «Amico, abbiamo bisogno di te».

Lui non si sbilancia, ma capisco dal suo tono che l'idea di tornare a vestire la maglia del Brasile lo intriga, e qualche giorno dopo lo stesso Renan ci comunica di averlo contattato.

Alla fine Wallace accetta la chiamata del coach, e la sua presenza è fondamentale. Darlan, l'unico opposto rimasto a disposizione, sta facendo un percorso importante di crescita, ma è molto giovane e al Mondiale avrà di certo bisogno di un aiuto, di un'alternativa, di un riferimento. Wallace è tutto questo e anche molto di più. Sereno, determinato, allegro. Nonostante i suoi trentacinque anni è una ventata di aria fresca nel nostro gruppo. Ne sono sicuro, nel momento del bisogno ci potrà aiutare. Al gruppo si unirà poi anche Felipe Roque.

La lunga estate prosegue. Giochiamo in Giappone, a Osaka, la terza settimana di Nations League, al termine della quale chiudiamo la fase eliminatoria al sesto posto. Ci qualifichiamo per la fase finale di Bologna con otto vittorie e quattro sconfitte, un risultato non certo buono. In Italia usciamo subito: 1-3 contro gli Usa nei quarti e salutiamo la competizione che avevamo vinto solo l'anno scorso.

Finita la Nations League, dopo oltre un mese facciamo ritorno in Brasile. Abbiamo finalmente dieci giorni di vacanza. Io provo a staccare la spina e ricaricare le batterie, ma quando ci riuniamo per disputare le amichevoli pre-Mondiale è evidente che la squadra non gira, perdiamo nettamente a Montpellier contro la Francia. Io, in particolare, non gioco bene.

Il Mondiale 2022 comincia il 26 agosto. Originariamente previsto in Russia, è stato spostato in Slovenia e Polonia a causa dello scoppio della guerra in Ucraina. Il nostro girone si disputa a Lubiana e, insieme a noi, ci sono Giappone, Qatar e Cuba.

Il match d'apertura è contro i cubani ed è previsto all'ora di pranzo. Nel primo set sprechiamo un vantaggio importante. Perdiamo anche il secondo parziale. Renan a quel punto cambia, inserisce Cachopa al mio posto e Rodriguiño per Lucarelli: la squadra sembra girare meglio. Seduto in panchina, vedo i miei compagni rimontare, fino ad arrivare alla vittoria al tie-break.

Il pomeriggio lo passo a riflettere. Tante volte mi sono messo in discussione assumendomi colpe, non mi spaventa certo farlo una volta in più e questa volta non ho bisogno di confrontarmi con Giuliano.

«Forse non devo essere io il titolare in questo momento» dico a Bernardo.

«Ne sei sicuro?» mi chiede lui.

«Perché vivere con l'ansia di giocare a tutti i costi quando non si è tecnicamente al top?» ribatto io.

È un ragionamento difficile da affrontare per qualsiasi giocatore, lo è ancora di più per uno come me, abituato a pretendere sempre il massimo da se stesso. Decido di approfittare del fatto che tutte le squadre che giocano a Lubiana alloggiano nello stesso hotel, e racconto del mio malessere anche ad Andrea Giani. Oltre a guidare Modena, "Giangio" è anche il commissario tecnico della nazionale francese.

«Il problema è che non sorridi, Bruno» mi risponde lui. Le sue parole non mi sorprendono. «Così è difficile provare gioia, in campo e fuori. Goditi l'opportunità che stai vivendo, non lasciare che l'ansia sporchi questo Mondiale.»

Annuisco, concordo con lui e ne approfitto per dirgli che ho deciso di contattare un suo ex compagno. Si chiama Marco Meoni. Lui e Giani hanno vinto insieme l'argento all'Olimpiade di Atlanta e il bronzo a quella di Sydney. Ora vive negli Stati Uniti.

Meoni, nel corso della sua vita, ha avuto a che fare con depressione e attacchi di panico, quindi più di chiunque altro può capire certi miei stati d'animo che a volte ritornano. Basteranno poi poche telefonate per rendermi conto che Marco è una persona speciale, un piacevole compagno di viaggio.

La notte del post-match con Cuba rifletto molto, tutto mi vortica in testa… A un certo punto i pensieri si allineano, e io faccio lo switch mentale che aspettavo, inconsciamente, da tanto tempo. Ci sono molti modi di aiutare il gruppo, e ogni fase della vita ha il proprio. È una vera e propria rivelazione.

La mattina dopo, è in programma una riunione per iniziare a preparare la gara contro il Giappone. Prima che arrivino tutti, chiedo di parlare con Renan e i suoi vice.

«Sono qui per vincere, proprio come tutti noi» dico. «Però in questo momento la squadra gira meglio con Cachopa al palleggio. È giusto che sia lui il titolare. Aiuterò la nazionale in un altro modo, sempre pronto a entrare quando necessario.»

Renan mi ascolta, attento, dice che condivide il mio pensiero, che era sua intenzione far partire Cachopa titolare nel prossimo match e che gli fa molto piacere sia io a dirglielo in modo così diretto.

Poco dopo, raggiungo Cachopa e gli ripeto le stesse cose. Alla fine ci abbracciamo. Mi preparo mentalmente: sono pronto a entrare in battuta, a dargli il cambio quando bisogna farlo rifiatare, a essere importante ma non imprescindibile. Insomma, farò quello che serve per aiutare il mio Brasile.

Mi sento subito più leggero, la pressione scende, inizio a godermi una nuova era della mia carriera, quella della totale consapevolezza. In questo nuovo ruolo mi sento felice. Mi sono reinventato in un ruolo nuovo, maturo, e diverso.

Battiamo sia il Giappone sia il Qatar e chiudiamo il girone al primo posto. Ci spostiamo a Gliwice, in Polonia, per la fase finale, dove agli ottavi troviamo l'Iran, che regoliamo con un secco 3-0. La chiudo io con un ace che pizzica la linea di fondo. È una grande gioia, tutti mi abbracciano con calore. Vivo una situazione nuova, quella di giocare gli ultimi due punti e godere al massimo del momento, e della vittoria.

Nei quarti ritroviamo l'Argentina, la squadra che ci ha battuto a Tokyo in quella maledetta sfida per il bronzo. La voglia di rivincita è tanta, io sono chiamato in campo nel quarto parziale, quando siamo sotto nel punteggio. Contribuisco a girare l'inerzia del match, vinciamo anche quell'incontro e sono di nuovo protagonista, a servizio totale della squadra e del gruppo.

Per poco non succede lo stesso anche in semifinale. Nel tie-break contro i padroni di casa della Polonia sprechiamo la grande occasione di centrare la sesta finale consecutiva in un Mondiale. La partita è tiratissima: primo set nostro, secondo e terzo set loro, quarto di nuovo nostro. È un mio muro a portare la squadra al tie-break. Nel parziale decisivo reggiamo fino al 12 pari, poi lasciamo scappare la Polonia. Non la prendiamo più: si giocheranno l'oro in finale con una fantastica Italia, una squadra ricca di giovani e talento.

Così, a poco più di un anno da Tokyo ci ritroviamo

a giocarci la medaglia di bronzo. C'è poco tempo per recuperare le forze, soprattutto quelle nervose. In un momento così sono le parole di Lucas, nello spogliatoio di Katowice, a fare breccia in tutti noi.

«Il giorno del bronzo sfumato in Giappone è stato il più brutto della mia vita» ci dice, serio. «Non voglio riviverlo, non voglio tornare a casa senza una medaglia.»

Questa volta non c'è spazio per tristezza e delusione, vogliamo a tutti i costi vincere. Giochiamo contro la Slovenia, una buona squadra che arriva da due secondi posti consecutivi ai campionati europei. Non le lasciamo scampo. Abbiamo un solo obiettivo, e lo centriamo con una determinazione feroce.

È un bronzo che, dopo tutte le difficoltà estive, profuma di oro, almeno per me. Quando salgo sul podio, non c'è spazio per la delusione di aver mancato la finale. Guardo la medaglia e penso che siamo arrivati a questo risultato sublimando il concetto di squadra, una squadra in cui tutti hanno fatto la differenza: Wallace ritrovato, Rodriguiño al posto di Lucarelli quando serve, Cachopa in regia, Felipe Roque che entra per il muro... Sono fiero dei miei compagni, orgoglioso di tutti noi. Quanto a me, durante la cerimonia di premiazione mi diverto come un matto, canto, ballo, abbraccio i ragazzi dello staff.

La squadra, il gruppo, sono molto più grandi di qualsiasi giocatore, l'ho sempre pensato e lo penso oggi. Solo adesso però riesco a toccare con mano la sensazione unica della "leggerezza", il godersi un percorso appieno. È un bronzo, un bronzo che vale oro. Il Mondiale mi lascia con l'evidenza, chiara, che ci sono molti modi per essere importante, non solamente uno. Ho urlato e aiutato i miei compagni, l'ho fatto in campo e ancor di più in panchina. Questa è la mia grande consapevolezza. Non è stato un percorso facile quello che ho iniziato quasi dieci anni fa e che continua ancora oggi. Ho lottato con l'ossessione della vittoria, ho smesso di evitarla e l'ho guardata in faccia. Durante questo lungo cammino sono diventato Bruno, non più, o meglio, non solo, Bruninho. Ho vinto tanto, ho perso, tanto, e ora so ciò che voglio per il mio futuro, da atleta e da uomo. Mi sono reinventato e sono orgoglioso di questo nuovo, radicale cambiamento. La nostra vita è un continuo reinventarsi, ma è fondamentale approcciarsi alle situazioni con umiltà. La voglia di essere, ogni giorno, un atleta e un uomo migliore per le persone che ho di fianco. Voglio che sia questa consapevolezza ad accompagnarmi nella mia vita e nella parte finale della mia carriera, quella che mi porterà all'Olimpiade di Parigi 2024 e poi, chissà, a salutare da giocatore la mia amata *camiseta* verdeoro, la cosa più preziosa che c'è.

Katowice, 11 settembre 2022, ore 19,58, Spodek Arena

Brasile-Slovenia, finale per il terzo posto dei campionati mondiali

Eccomi qua, con la mia meravigliosa medaglia di bronzo al collo, felice come un bambino con in mano un giocattolo nuovo. Mi fermo un attimo. Ripenso allo spogliatoio dell'Earls Court Exhibition Centre di Londra, dopo la finale olimpica del 2012. Mi rivedo in lacrime, distrutto, con l'argento in mano…

Solo adesso capisco quanta strada ho fatto, in questi anni, insieme ai miei compagni e alle persone care che da sempre mi accompagnano. Chi lo avrebbe detto che mi sarei sentito l'uomo più felice del mondo dopo un Mondiale in cui non solo non abbiamo conquistato l'oro, ma sono anche finito in panchina? Sorrido, tra me e me, orgoglioso di ciò che ho e abbiamo fatto.

Giro lo sguardo a destra, sul muro c'è un poster con l'elenco delle competizioni internazionali: la scritta Parigi 2024 è più grande di tutte le altre.

Chissà cosa proverò dopo l'ultima gara di quell'Olimpiade. Difficile immaginarlo, impossibile. Stacco gli occhi dalla scritta, la indico ai miei compagni, stasera facciamo festa, da domani c'è un nuovo obiettivo che ci attende.

Postfazione
di Leo Turrini

Domenica 21 agosto 2016. Quando nel delirio del Maracanãzinho cade per terra l'ultima palla, be', io avverto una contraddizione. Emotiva, viscerale, intensissima.

Da un lato mi dispiace moltissimo che gli Azzurri del volley siano stati fermati – un'altra volta! – sulla soglia del Sogno. Chi ama la rete, i muri e le schiacciate lo sa bene: tutto nella storia hanno conquistato i pallavolisti italiani. Tutto, tranne l'oro olimpico. E lo stop, crudele ma ineccepibile, stavolta ci viene imposto dal Brasile. Che gioca in casa, e la cosa conta, per carità. Ma è pure, oggettivamente, più forte dei miei compatrioti.

Eppure, quella domenica lì, il disappunto è compensato da un particolare che particolare in effetti non è. Me ne accorgo quando Bruno, il palleggiatore della Seleção, entra in sala stampa per la conferenza di rito. Curiosamente, per un attimo nella stanza ci siamo io e lui. Nessun altro. Ha l'oro al collo. Però gli luccicano gli occhi più della medaglia. E siccome so cosa sta dietro e dentro quel brillio nello sguardo, non posso non essere felice. Per lui. Per suo padre Bernardo, il coach.

Eh, questo libro che tenete tra le mani è bellissimo, sul serio. Con l'aiuto di Maini e Romani, valorosi colleghi, il mio figlioccio Bruno è riuscito a tirar fuori non già la narrazione di una carriera strepitosa. C'è tanto, tantissimo in più. C'è la sublimazione di un racconto che è un viaggio sul filo teso della sana follia: la lotta contro la depressione innescata dall'inattesa sconfitta in un'altra Olimpiade (Londra 2012) viene esplorata e descritta con un coraggio umanamente (ma anche letterariamente) irresistibile. Ponendosi come una lezione per ognuno di noi, perché nessuno vince sempre, sul campo che chiamiamo vita.

Forse io sono un giudice di parte e lo ammetto. Bruno è un po' il mio figlioccio in palestra. Lo rammento bimbetto quando suo padre allenava a Modena. Ho conosciuto anche la sua mamma. E mi sono riavvicinato al volley, teatro dei miei remoti esordi da cronista, quando quel bimbetto ha iniziato a dispensare magie con le sue mani d'oro proprio nei paraggi della Ghirlandina, rindossando, grazie a Catia Pedrini, la casacca gloriosa della Panini (sì, ho scritto Panini e abbiate pazienza, so che cambiano le etichette delle squadre, ma per un romantico al cuor non si comanda, ci sono nomi che diventano totem intoccabili).

Del giocatore Bruno mi limiterò a dire che è un

mito. Lui sta al volley come Ayrton Senna stava alla Formula 1 e Pelé al calcio. E credo possa bastare.

Dell'uomo Bruno posso garantire che non è inferiore al campione. È una bella persona e mi onoro della sua amicizia.

Até logo, rapaz.

Indice

Finito di stampare nel mese di marzo 2023
presso Elcograf - Stabilimento Cles (TN)